Overlijden

Bert Wolthuis

Overlijden

Consumentenbond

Dan weet je het.

6^e druk, mei 2008

Inlichtingen Consumentenbond

Auteur: *Bert Wolthuis*
Verder werkte mee: *Martien Weel uitvaartverzorging, Hoorn*
Eindredactie: *Dieneke Hengeveld*
Grafische verzorging: *Het Vlakke Land*
Foto omslag: *Mark Owen © Blackout Concepts/Alamy*

ISBN 978 90 5951 0975
NUR 749

Inhoud

Inleiding

In dit boek staat overlijden centraal. Dit is een onderwerp waar mensen niet graag bij stilstaan. Toch is het nuttig dit boek eens ter hand te nemen. Want wat moet er allemaal geregeld worden onmiddellijk nadat iemand is overleden? En welke zaken kunt u op iets langere termijn regelen? Wat kunt u allemaal regelen in een testament en welke mogelijkheden zijn er zoal bij een begrafenis of crematie?
De emotionele kant van een sterfgeval laten wij buiten beschouwing. Daarvoor kunt u onder meer terecht bij de Landelijke Stichting Rouwbegeleiding (zie Adressen) of op www.verliesverwerken.nl.

Als er iemand is overleden, moet een aantal formaliteiten worden vervuld. De meest spoedeisende zaken beschrijven we in hoofdstuk 1. Zo moet er aangifte van het overlijden worden gedaan bij de burgerlijke stand.
In het tweede hoofdstuk gaan we in op afspraken die rondom een uitvaart moeten worden gemaakt. De uitvaartverzorger, maar ook uitvaartverzekeringen komen hier uitgebreid aan de orde. Na een overlijden moet de (eventuele) uitvaartverzekeraar worden ingelicht en wordt de uitvaart uitgevoerd of betaald volgens de voorwaarden van de polis. Maar daar zitten wel haken en ogen aan. Ook andere mogelijkheden om een uitvaart te bekostigen, beschrijven we in dit hoofdstuk.
De invulling van de uitvaart komt in hoofdstuk 3 aan de orde. We beschrijven alle onderdelen van een uitvaart in chronologische volgorde, van de opbaring tot de samenkomst na de uitvaart. U kunt de uitvaart op vele manieren een persoonlijk tintje geven; ook hierover leest u in dit hoofdstuk. In een tabel geven we een indicatie van de kosten van (onderdelen van) de uitvaart.
Na de uitvaart volgt de afwikkeling van de nalatenschap. De overledene laat bezittingen (en/of schulden) na en die moeten worden verdeeld onder de erfgenamen. De executeur heeft daarbij de leiding. Hoe dat in zijn werk gaat, leest u in hoofdstuk 4, waar u ook informatie over de wettelijke bepalingen rond een nalatenschap vindt.
Daarnaast moet u binnen acht maanden na het overlijden een aangifte voor het recht van successie doen. Dit komt in hoofdstuk 5 aan de orde, evenals een aantal andere fiscale zaken.
En dan zijn er na een overlijden nog vele andere administratieve zaken te regelen. Allerlei instanties moeten worden gewaarschuwd, zoals

verzekeringsmaatschappijen, maar ook de werkgever en uitkeringsinstanties, in verband met een overlijdensuitkering. Alles hierover leest u in hoofdstuk 6.
Na de bijlagen vindt u nog een handige adressenlijst van de instanties die in dit boek voorkomen. En om een en ander snel terug te kunnen vinden, eindigt het boek met een register.

In dit boek wordt gemakshalve de hij-vorm gebruikt waar u ook zij kunt lezen. De term echtgenoot gebruiken we zowel in de mannelijke als vrouwelijke vorm.

1 Meteen na een overlijden

Na een overlijden moeten diverse formaliteiten worden vervuld. De meest spoedeisende vindt u in dit hoofdstuk beschreven.

1.1 Verklaring van overlijden door een arts

Allereerst moet het overlijden officieel door een arts worden vastgesteld. Dat kan de huisarts zijn, maar ook de behandelende arts in een ziekenhuis, verzorgings- of verpleeghuis.
De arts geeft een verklaring van overlijden af als hij ervan overtuigd is dat de dood is ingetreden als gevolg van een natuurlijke oorzaak. Maar als hij vermoedt dat de overledene een niet-natuurlijke dood is gestorven, moet hij de gemeentelijke lijkschouwer inlichten. Er kan sprake zijn van een ongeval, misdrijf of zelfmoord. De Officier van Justitie kan in zo'n geval een nader onderzoek instellen en opdracht geven tot sectie.
Ook bij euthanasie moet de arts het overlijden als een onnatuurlijke dood bij de gemeentelijke lijkschouwer melden, aangezien euthanasie als misdrijf in het Wetboek van strafrecht is opgenomen. Maar als aan een aantal voorwaarden is voldaan, zal de arts worden ontslagen van strafvervolging.
Zo moet er sprake zijn van een vrijwillig en weloverwogen verzoek van de patiënt en moet hij ondraaglijk en uitzichtloos lijden. Voordat de euthanasie wordt verricht, moet ook een tweede, onafhankelijke arts zijn geraadpleegd. Bij twijfel aan de zorgvuldigheid van de arts zal de Officier van Justitie een onderzoek instellen.
Meer informatie over euthanasie is verkrijgbaar bij de Nederlandse Vereniging voor een Vrijwillig Levenseinde (NVVE, zie Adressen).
De uitvaart kan bij een niet-natuurlijke dood pas plaatsvinden als de Officier van Justitie daarvoor toestemming heeft gegeven.

1.2 Aangifte van het overlijden bij de burgerlijke stand

Vóór de begrafenis of crematie moet aangifte van het overlijden worden gedaan bij de burgerlijke stand van de gemeente waar het overlijden heeft

Tip
Afschriften van de verklaring van overlijden heeft u onder andere nodig voor de verklaring van erfrecht, de uitkering van een pensioen en uitkeringen van uitvaart- en levensverzekeringen.

plaatsgevonden. Hierbij moet de verklaring van overlijden worden overlegd. De aangifte kan worden gedaan door eenieder die op de hoogte is van het overlijden. In de praktijk wordt dit meestal door de uitvaartondernemer verzorgd, maar een van de nabestaanden kan het ook zelf doen. De ambtenaar van de burgerlijke stand maakt een akte van overlijden op en op verzoek geeft hij daarvan een afschrift af. Aan het opmaken van de akte zelf zijn geen kosten verbonden, maar voor een afschrift betaalt u circa €10 per exemplaar. De ambtenaar geeft tevens een schriftelijk verlof af om de overledene te begraven of cremeren.
De wet stelt geen termijn voor het doen van de aangifte. Wel staat in de wet dat de uitvaart uiterlijk op de vijfde dag na het overlijden moet plaatsvinden en daarvoor is het schriftelijke verlof voor de begrafenis of crematie nodig. U kunt daarom met het doen van de aangifte niet te lang wachten.
Op verzoek van de overgebleven echtgenoot of ouders maakt de ambtenaar van de burgerlijke stand in het trouwboekje aantekening van het overlijden.

Landelijk meldnummer
Er bestaan landelijke meldnummers voor overlijdensmeldingen: 0800-STERFGEVAL en 0800-UITVAART. Wie deze nummers belt, krijgt direct contact met een uitvaartonderneming in de buurt.

1.3 Regels rond de uitvaart

Een uitvaart kunt u naar eigen idee invullen, maar er zijn enkele regels die u in acht moet nemen. Deze regels zijn opgenomen in de Wet op de lijkbezorging. Zo mag een uitvaart niet eerder plaatsvinden dan 36 uur na het overlijden, en niet later dan op de vijfde dag na overlijden. Daarbij telt de dag van overlijden niet mee. Bij een overlijden op vrijdag is de uitvaart dus uiterlijk op woensdag; bij een overlijden op dinsdag uiterlijk op zaterdag.
Als deze termijn problemen oplevert, kan de burgemeester van de gemeente waar het lijk zich bevindt, een andere termijn stellen. Een nieuw

voorgestelde Wet op de lijkbezorging verandert deze regels. De vijfdagentermijn blijft bestaan, maar weekend- en feestdagen tellen daarbij niet meer mee. Dit geeft de nabestaanden iets meer ruimte.
Ook nieuw wordt het beperkt toestaan van *thanatopraxie*, een vorm van balseming waarbij het lichaam van de overledene tijdelijk wordt geconserveerd. Dit kan bijvoorbeeld van belang zijn als nabestaanden uit het buitenland moeten komen voor de uitvaart. Bij een overlijden in het buitenland zal de termijn van vijf dagen vaak niet haalbaar zijn. In dat geval moet de uitvaart zo spoedig mogelijk na aankomst van het lijk in Nederland plaatsvinden. Meer informatie over een overlijden in het buitenland vindt u onder meer op de site www.uitvaart.nl.
Als een baby na een zwangerschap van ten minste 24 weken dood geboren wordt, moet het begraven of gecremeerd worden. Baby's die geboren worden na een zwangerschap van minder dan 24 weken, worden niet als levensvatbaar beschouwd en vallen niet onder de bepalingen van de Wet op de lijkbezorging. Toch kiezen ouders ook dan vaak voor een uitvaart. Medisch personeel in ziekenhuizen wordt geadviseerd ook bij geboorten vóór die wettelijke termijn van 24 weken met de ouders te overleggen wat er met de foetus moet gebeuren.
Voor identificatie van de overledene gelden eveneens regels. De kist of het omhulsel van de overledene wordt voorzien van een registratienummer. Dit nummer wordt aangetekend op een document dat aan de begraafplaats- of crematoriumbeheerder wordt overhandigd. Voor de uitvaart wordt het nummer op de kist of het omhulsel vergeleken met het nummer op het document. Andere wettelijke eisen komen aan de orde in hoofdstuk 2.

1.4 Keuze van uitvaartondernemer

Na het overlijden wordt contact opgenomen met een uitvaartondernemer omdat een aantal handelingen moet worden verricht. Zo zal de overledene verzorgd (afgelegd) en opgebaard moeten worden en eventueel naar een rouwcentrum vervoerd. Ook moet worden besloten waar en wanneer de begrafenis of crematie moet plaatsvinden. De inschakeling van een uitvaartondernemer is niet verplicht, maar wel gebruikelijk (in hoofdstuk 3 komen we hierop terug).
Bij het kiezen van een uitvaartondernemer moeten de nabestaanden eerst nagaan of er wellicht al zaken geregeld zijn. De overledene kan namelijk zelf al contact met een uitvaartondernemer hebben gehad en daar zijn wensen kenbaar hebben gemaakt. Tevens kan hij met de

uitvaartondernemer al een financiële regeling hebben getroffen in de vorm van een uitvaartverzekering of een storting in een depositofonds (zie hoofdstuk 2). Misschien was de overledene lid van een uitvaartvereniging en heeft hij via die vereniging een depositostorting gedaan of een uitvaartverzekering afgesloten.

Tip

Leg vóór de komst van de uitvaartondernemer alvast wat zaken klaar, zoals de verzekeringspapieren en het trouwboekje.

Tip

Controleer de administratie van de overledene op afspraken met een uitvaartondernemer, een lidmaatschap van een uitvaartvereniging of het bestaan van een uitvaartverzekering.

Een uitvaartverzekering kunt u ook rechtstreeks bij een verzekeringsmaatschappij afsluiten. Heeft u een natura-uitvaartverzekering (zie ook par. 2.6) afgesloten, dan bent u verzekerd van een pakket diensten rondom de uitvaart.
Een en ander wordt meestal uitgevoerd door een uitvaartondernemer die verbonden is aan de verzekeraar. Daarom is het zaak dat de verzekeraar zo spoedig mogelijk wordt ingelicht; daarvoor is doorgaans 24 uur per dag een telefoonnummer beschikbaar.
Als de nabestaanden zelf een uitvaartondernemer inschakelen, is het raadzaam een organisatie te kiezen die is aangesloten bij Nardus Samenwerkende Uitvaartorganisaties (voorheen NVU en LSUW, zie Adressen). Deze uitvaartondernemers hanteren namelijk algemene voorwaarden die in overleg met de Consumentenbond tot stand zijn gekomen. Niet alleen is bij deze voorwaarden rekening gehouden met de consument, maar bij problemen kunt u ook naar de Geschillencommissie Uitvaartwezen stappen (zie par. 2.3).
In het gesprek met de uitvaartondernemer moeten duidelijke afspraken worden gemaakt. De nabestaanden moeten alle ruimte krijgen aan de wensen van de overledene tegemoet te komen of hun eigen wensen kenbaar te maken.
Uitvaartondernemers die zijn aangesloten bij het Netwerk Uitvaartvernieuwers zullen nabestaanden stimuleren met eigen ideeën te komen

Tip

Wilt u er zeker van zijn dat een uitvaartondernemer is aangesloten bij de genoemde brancheorganisatie, dan kunt u bij deze organisatie of bij de Geschillencommissie Uitvaartwezen (zie Adressen) informeren.

en zelf vorm te geven aan de uitvaart. Het adres van het Netwerk Uitvaartvernieuwers vindt u achter in dit boek bij de Adressen.
In 2007 is het initiatief genomen tot samenbundeling van kleinere tot middelgrote uitvaartondernemingen onder de naam Requiem. Requiem-ondernemers zijn geselecteerd op vijf kernwaarden: persoonlijke aandacht voor nabestaanden, persoonlijke invulling van de uitvaart, ruim beschikbare tijd, transparantie en lokale binding. Men streeft naar een landelijke dekking van zo'n 150 ondernemers (zie Adressen).
In hoofdstuk 3 leest u meer over de mogelijkheden van een persoonlijke invulling van de uitvaart.

1.5 Wensen van de overledene

De wet zegt over de uitvaart dat deze conform de wensen van de overledene moet worden uitgevoerd, mits deze redelijk zijn. Vaak zullen de wensen van de overledene bij de directe nabestaanden bekend zijn omdat daar voor het overlijden over is gesproken. De overledene kan ook een persoonlijk memorandum hebben ingevuld of zijn wensen bij een uitvaartondernemer hebben gedeponeerd.
Een andere mogelijkheid is dat de overledene aanwijzingen over de uitvaart heeft opgenomen in zijn testament. Als de nabestaanden zelf geen afschrift van het testament hebben, kan bij het Centraal Testamentenregister (zie Adressen) worden geïnformeerd of de overledene een testament heeft opgemaakt en welke notaris over het origineel beschikt. Over de inhoud van het testament geeft het Centraal Testamentenregister dus geen informatie. Het testamentenregister kan door een willekeurige notaris worden benaderd, maar ook door een nabestaande. De nabestaande moet dat echter schriftelijk doen en bij het verzoek een afschrift van de akte van overlijden overleggen. Het duurt één tot anderhalve week voordat men bericht ontvangt. Alleen notarissen kunnen in spoedgevallen telefonisch informatie vragen.
Aan de navraag zijn geen kosten verbonden. Een testament komt hoe dan ook boven water, want naar het bestaan ervan wordt altijd geïnformeerd.
Bij een codicil heeft u die garantie niet. Een codicil is een eigenhandig geschreven verklaring, voorzien van datum en handtekening, waarin ook wensen ten aanzien van een uitvaart kunnen staan. De registratie van codicillen is niet verplicht, zodat er geen zekerheid is dat het tijdig gevonden wordt. U kunt een codicil het best bij het laatste testament laten opbergen, of op een voor de hand liggende plaats, bijvoorbeeld

bij alle andere belangrijke papieren of in een kluisje (voor een voorbeeld van een codicil zie Bijlage I).
Als het niet duidelijk is wat de overledene zou hebben gewild, moeten de nabestaanden zelf keuzes maken. Er bestaat een mogelijkheid dat de overledene zijn lichaam ter beschikking heeft gesteld aan de wetenschap. Dit betekent dat het lichaam wordt gebruikt bij het onderwijs aan medische studenten en bij wetenschappelijk onderzoek.
De overledene heeft in dat geval een door de universiteit verstrekt formulier ingevuld en ondertekend. Na het overlijden wordt de betreffende universiteit ingelicht, waarna men voor het vervoer zorgt. Een belangrijke consequentie is dat er geen uitvaart kan plaatsvinden, maar er kan natuurlijk wel een afscheidsbijeenkomst worden georganiseerd.
Mensen die voor zichzelf overwegen om hun lichaam ter beschikking te stellen van de wetenschap, moeten beseffen dat het niet goed afscheid kunnen nemen voor de nabestaanden een ernstige belemmering kan betekenen voor een normale rouwverwerking.

Tip

Vul een persoonlijk memorandum in. Voor een voorbeeld van zo'n memorandum, zie Bijlage II.

Let op!

Terbeschikkingstelling aan de wetenschap moet u niet verwarren met sectie en obductie, waarbij de organen door een patholoog worden onderzocht ter controle van medisch handelen of om de doodsoorzaak te achterhalen.

1.6 Donorregister

Als de overledene als donor geregistreerd stond of als hij een donorcodicil had, kunnen vóór de uitvaart nog organen en/of weefsels van de overledene worden verwijderd.
Iedereen van 12 jaar en ouder kan zijn wensen ten aanzien van orgaan- en weefseldonatie in het centrale donorregister laten registreren. In een donorregistratieformulier kan worden vastgelegd of u wel of niet akkoord gaat met het afstaan van organen en/of weefsels voor transplantatie. U kunt ook vastleggen dat u de beslissing overlaat aan de nabestaanden of aan een persoon die met name wordt genoemd.
De in het donorregister vastgelegde wil kan altijd door de donor worden herroepen. Bij het overlijden kan de arts het donorregister raadplegen

om na te gaan of de overledene zich heeft laten registreren. Voor een voorbeeld van een donorregistratieformulier zie Bijlage III. Dit formulier kunt u via www.donorregister.nl downloaden. Ook een donorcodicil is rechtsgeldig. Een donorcodicil is een gedateerde en ondertekende verklaring waarop iemand aangeeft toestemming te geven voor orgaan- en/of weefseldonatie. Wanneer iemand niet in het donorregister staat en er ook geen donorcodicil wordt aangetroffen, kan een arts de familie toestemming voor donatie vragen. Is er toestemming voor donatie, dan kan de uitname van organen en/of weefsels plaatsvinden. Dit gebeurt in een ziekenhuis of in het mortuarium van een rouwcentrum. Daarna kan de overledene gewoon worden opgebaard. De begrafenis of uitvaart hoeft ook niet te worden uitgesteld.
Meer informatie kunt u krijgen bij het Nationaal Instituut voor Gezondheidsbevordering en ziektepreventie (NIGZ) Donorvoorlichting (zie Adressen).

Handige checklist

Op www.uitvaart.nl vindt u een checklist van zaken die na een overlijden spelen, handig ingedeeld naar urgentie en tijdpad.

2 Afspraken rond begrafenis en crematie

Zoals we in het vorige hoofdstuk al aangaven, zijn de wensen van de overledene de leidraad bij de invulling van de uitvaart. In dit hoofdstuk gaan we in op alle aspecten van een begrafenis of crematie.

2.1 Zijn de wensen van de overledene bekend?

De wensen van de overledene kunnen mondeling zijn geuit of kunnen op papier staan, bijvoorbeeld in een persoonlijk memorandum. Ze kunnen echter ook in een testament of in een codicil zijn opgenomen, of bij een uitvaartondernemer gedeponeerd zijn. Mensen die weten dat ze gaan sterven, regelen soms hun eigen uitvaart tot in detail. Het kan voor de nabestaanden prettig zijn duidelijkheid te hebben over de wensen van de overledene, zodat ze zich in de emotionele tijd na het overlijden volledig kunnen richten op de uitvoering ervan.

Maar u kunt het ook anders bekijken. Door het gedetailleerd regelen van uw eigen uitvaart ontneemt u de nabestaanden de mogelijkheid na te denken over de manier waarop de overledene het gehad zou willen hebben. Juist het nadenken daarover in de dagen tussen het overlijden en de uitvaart kan voor de nabestaanden van belang zijn om bewust met het afscheid bezig te zijn en kan een eerste aanzet in de rouwverwerking zijn.

Tip

Leg alle belangrijke paperassen bij elkaar op één plaats.

Een tussenweg is natuurlijk ook mogelijk. Iemand kan duidelijk de voorkeur voor een begrafenis of crematie hebben uitgesproken of hebben aangegeven dat hij een uitvaart in besloten kring wenst, en de verdere invulling aan de nabestaanden overlaten.

2.2 Afspraken met de uitvaartondernemer

De gesprekken met de uitvaartondernemer zijn niet eenvoudig. Terwijl de nabestaanden bezig zijn met hun verdriet, moeten allerlei praktische beslissingen worden genomen, bijvoorbeeld over de soort kist en over wel of geen cake bij de koffie na afloop van de begrafenis of crematie. Een uitvaartondernemer met de juiste taakopvatting zal niet de gehele uitvaart met alle beslissingen in één gesprek geregeld willen zien. Hij zal het geheel doseren met de belangrijkste beslissingen nu en de detailbeslissingen later. Toch kan het handig zijn iemand bij het gesprek te betrekken die in staat is een en ander zakelijk te bespreken. Ook is het verstandig de afspraken met de uitvaartondernemer schriftelijk vast te leggen. Dat lijkt misschien heel zakelijk, maar het kan misverstanden voorkomen. En al wordt een uitvaart meestal goed uitgevoerd, als er toch iets mis gaat, is het in ieder geval duidelijk wat de afspraken waren.

In de algemene voorwaarden van de uitvaartondernemers die zijn aangesloten bij de Nederlandse Unie van erkende Uitvaartondernemingen (NUVU) en bij Nardus Samenwerkende Uitvaartorganisaties (zie Adressen) zijn strikte regels opgenomen over de wijze waarop de overeenkomst tot stand komt. De aangesloten uitvaartondernemers zijn verplicht een gespecificeerd opdracht- of aanneemformulier te gebruiken.

Alle afspraken worden vastgelegd, zodat iedereen op de hoogte van de afspraken is en er geen misverstanden kunnen ontstaan. De verschillende diensten en de bijbehorende kosten moeten worden omschreven. Het is mogelijk dat de uitvaartondernemer bepaalde werkzaamheden uitbesteedt of dat hij bepaalde kosten voorschiet, bijvoorbeeld voor de bloemen. Ook deze kosten moet hij zo nauwkeurig mogelijk schatten. De kosten voor de uitbestede werkzaamheden die uiteindelijk in rekening worden gebracht, moeten op kostprijsbasis worden doorberekend. Desgewenst kunt u een kopie van de rekening van de toeleverancier vragen.

Als de uitvaartondernemer een basispakket en basistarief hanteert, moet daarvan een schriftelijke specificatie worden verstrekt. Na de uitvaart behoort u een gespecificeerde nota te krijgen.

Verder geldt voor een uitvaartondernemer die de genoemde voorwaarden hanteert, dat hij verantwoordelijk is voor de werkzaamheden die in zijn opdracht door derden zijn uitgevoerd. Dat is handig als er een probleem met de bloemist of met de steenhouwer ontstaat. Mocht er toch iets mis gaan bij een uitvaart, dan is het te hopen dat de uitvaartondernemer en de nabestaanden samen een acceptabele oplossing kunnen vinden. Voor beide partijen is dat het beste. Lukt dat niet, dan kunnen klachten over de leden van de NUVU worden voorgelegd aan de Stichting Klachteninstituut Uitvaartwezen en over leden van Nardus aan de

Geschillencommissie Uitvaartwezen. In de volgende twee paragrafen gaan we in op beide instituten. Bedenk dat degene die het opdrachtformulier ondertekent, aansprakelijk is voor de kosten van de uitvaart. De adressen van de NUVU en Nardus vindt u achter in dit boek.

2.3 Geschillencommissie Uitvaartwezen

Komt u bij een probleem niet met de uitvaartondernemer tot een oplossing, dan kunt u het geschil voorleggen aan de Geschillencommissie Uitvaartwezen. De Geschillencommissie Uitvaartwezen valt onder de koepel van de Stichting Geschillencommissies voor consumentenzaken.

De geschillencommissie bestaat uit drie leden: een voorzitter die is aangezocht door de stichting, een lid dat is voorgedragen door de Consumentenbond en een lid dat is voorgedragen door Nardus. Alle leden worden benoemd door het bestuur van de stichting en zijn onafhankelijk en onpartijdig.

De geschillencommissie kan een klacht alleen in behandeling nemen als de uitvaartondernemer lid is van Nardus of bij de Stichting Geschillencommissies als deelnemer geregistreerd staat (begin 2008 stond geen een deelnemer apart geregistreerd).

De klacht kan gaan over allerlei zaken die in de overeenkomst zijn vastgelegd. Dikwijls gaan klachten over de financiële afwikkeling. De nota was niet in overeenstemming met de kostenopgave of er zijn kosten in rekening gebracht waarvan de opdrachtgever dacht dat ze tot het basispakket behoorden.

Andere klachten betreffen vaak de uitvoering van de overeenkomst. Voorbeelden daarvan zijn het te laat doorgeven door de uitvaartondernemer van de rouwadvertentie aan de krant, het verstrooien van de as terwijl de familie niet aanwezig is ondanks het feit dat dit wel was afgesproken, of het mislukken van de geluidsopname van de rouwdienst.

Voordat de geschillencommissie de klacht in behandeling neemt, moet u eerst zelf proberen met de uitvaartondernemer tot overeenstemming te komen. Als dat mondeling niet is gelukt, moet de klacht schriftelijk aan de ondernemer worden voorgelegd. Als ook dat niet tot een oplossing leidt, moet u het geschil binnen drie maanden nadat u de klacht bij de uitvaartondernemer heeft ingediend, voorleggen aan de commissie. Dat kan in de vorm van een eenvoudige brief, waarin u aangeeft waar het geschil over gaat, wanneer het is ontstaan en wat de naam en het adres van de ondernemer zijn. Een kopie van het eventuele opdrachtformu-

lier moet u meesturen. U krijgt dan een vragenformulier toegezonden, dat u moet invullen. Ook moet u €50 klachtengeld aan de geschillencommissie betalen.
Wanneer u de rekening van de uitvaartondernemer in verband met de klacht nog niet of slechts voor een deel heeft betaald, moet u dit openstaande bedrag in depot storten bij de commissie. In haar uitspraak zal de commissie dan bepalen of en in hoeverre dit bedrag aan u wordt terugbetaald of aan de uitvaartondernemer moet worden uitbetaald.
Wanneer de commissie de klacht gegrond acht, moet de uitvaartondernemer het klachtengeld vergoeden. De gehele procedure kan enkele maanden in beslag nemen. Na de schriftelijke ronde ontvangen beide partijen een uitnodiging om een mondelinge toelichting te geven. De zitting is informeel en het is niet nodig een dure advocaat mee te nemen.
De procedure resulteert in een uitspraak die bindend is voor de partijen. De commissie kan iedere beslissing nemen die zij redelijk en billijk acht. Zij kan een minnelijke schikking tot stand brengen, maar ook een betalingsverplichting vaststellen of een schadevergoeding toekennen. Daarbij geldt een nakominggarantie. Dat betekent dat de brancheorganisatie ervoor zorgt dat de uitspraak wordt nagekomen als de ondernemer dat nalaat.
Natuurlijk kunnen met een uitspraak van de commissie eenmaal gemaakte fouten niet meer worden hersteld. Aan een te laat aan de krant doorgegeven rouwadvertentie valt niets meer te doen. Maar een voor u positieve uitspraak van de commissie, waaraan soms een vergoeding voor immateriële schade wordt gekoppeld, kan wel een vorm van genoegdoening betekenen voor het aangedane leed. Het adres van de Geschillencommissie Uitvaartwezen vindt u achter in dit boek.

2.4 Ombudsman Uitvaartwezen

De ombudsman heet officieel Stichting Klachteninstituut Uitvaartwezen en bestaat pas sinds eind 2002. Aangesloten zijn de Landelijke Vereniging van Crematoria (LVC), de al genoemde NUVU, de Vereniging Ondernemingen in de Uitvaartverzorging (VOU, zie Adressen) en de Vereniging van Mortuariumbeheerders in de Gezondheidszorg (VMG) en de Landelijke Organisatie van Begraafplaatsen (LOB). Van consumentenzijde zijn aangesloten vertegenwoordigers van de Algemene Nederlandse Bond voor Ouderen (ANBO) en de Nederlandse Patiënten Vereniging.

Met een schriftelijke klacht over een uitvaart verzorgd door een aangesloten instantie kunt u bij deze ombudsman terecht. Er zijn geen kosten aan verbonden. De ombudsman is een jurist met ervaring in de uitvaartbranche en doet een voor beide partijen bindende uitspraak. Het adres vindt u achter in dit boek.

2.5 (Deels) zelf regelen

Op grond van het bovenstaande krijgt u wellicht de indruk dat het verplicht is bij een uitvaart een uitvaartondernemer in te schakelen. Dat is niet zo; in principe kunt u de uitvaart helemaal zelf regelen. Dat dit niet zo gebruikelijk is, is een andere zaak.
Als u geen uitvaartondernemer inschakelt, moet u alles zelf regelen. Van het verzorgen van de formaliteiten en de aanschaf van een kist, tot het maken van afspraken met de begraafplaats en het regelen van het vervoer. Voor een uitvaartondernemer is dit dagelijks werk; nabestaanden weten hierin niet zo snel de weg. U kunt ook besluiten de uitvaartondernemer gedeeltelijk in te schakelen, bijvoorbeeld alleen voor het verzorgen van de overledene en voor het maken van afspraken met de begraafplaats.
Er zijn uitvaartondernemers die de betrokkenheid van nabestaanden zeer belangrijk vinden en deze zullen stimuleren. Een aantal van die uitvaartondernemers heeft zich verenigd in het Netwerk Uitvaartvernieuwers en Requiem (zie Adressen). Ook aan traditionele uitvaarten kunnen zij door hun persoonlijke aanpak net dat persoonlijke tintje meegeven. Als u een uitvaartondernemer treft die niet of nauwelijks openstaat voor een eigen invulling van de uitvaart, moet u toch voet bij stuk houden en desnoods een andere uitvaartondernemer inschakelen.
De laatste jaren dringt trouwens steeds meer het besef door dat een uitvaart niet volgens de geijkte weg hoeft te worden uitgevoerd. Als u een persoonlijk tintje wenst (een zelfgetimmerde kist bijvoorbeeld), is het goed daar bij leven al eens bij stil te staan. In het algemeen geldt dat hoe specifieker de wensen zijn, des te belangrijker het is een en ander tijdig te bespreken. In hoofdstuk 3 gaan we daar dieper op in.

2.6 Uitvaartverzekeringen

Uitvaartverzekeringen zijn populair; meer dan vier miljoen mensen hebben er een. Maar wat houdt zo'n verzekering precies in?

Een uitvaartverzekering is een vorm van een levensverzekering. Tegen betaling van een premie verplicht de verzekeringsmaatschappij zich tot vergoeding van de uitvaart op het moment dat de verzekerde komt te overlijden. Uitvaartverzekeringen worden aangeboden door uitvaartondernemers, uitvaartverenigingen en verzekeraars.

Er zijn twee soorten verzekeringen. Bij de natura-uitvaartverzekering wordt geen geld uitgekeerd, maar wordt de uitvaart door de verzekeraar verzorgd. Bij de sommenverzekering keert de verzekeraar bij overlijden geld uit waarmee de uitvaart kan worden bekostigd.

Bij de sommenverzekering bent u meestal vrij in de keuze van uitvaartondernemer, ook al wordt op de polis soms een bepaalde uitvaartondernemer genoemd. De naturaverzekeraars werken met eigen uitvaartondernemers. In de meeste gevallen kunt u wel een andere kiezen, maar dan moet u dat bij de overlijdensmelding aan de verzekeraar doorgeven.

Als de uitvaartondernemer van eigen keuze hogere prijzen hanteert dan door de verzekeraar worden vergoed, moeten de nabestaanden bijbetalen.

De hoogte van de premie is afhankelijk van een aantal factoren, zoals:

- het gekozen pakket, of het vastgestelde bedrag;
- de leeftijd van de verzekerde; hoe jonger de verzekerde, des te lager de premie;
- de duur van de premiebetaling. Hiervoor bestaan verschillende mogelijkheden: soms kan voor een periode van 10 of 20 jaar worden gekozen, of voor een periode die loopt tot een bepaalde leeftijd van de verzekerde, dan wel voor levenslange premiebetaling;
- de termijn van premiebetaling: per maand, per kwartaal, per halfjaar of jaar;
- de verzekeringsmaatschappij.

De verzekering kan ook tegen betaling van een koopsom worden gesloten. Een koopsom is een premie die ineens wordt betaald. Van die mogelijkheid wordt nogal eens gebruikgemaakt door verzekerden van 50 jaar of ouder.

Tip

Als u een oude uitvaartpolis heeft, is het zinvol te controleren of de verzekering nog steeds aansluit bij uw wensen.

Tip

Als de maatschappij waar u destijds de polis heeft afgesloten niet meer bestaat, kunt u bij de De Nederlandsche Bank (zie Adressen) informeren welke verzekeringsmaatschappij oude polissen heeft overgenomen.

2.6a Natura-uitvaartverzekeringen

Bij een natura-uitvaartverzekering bent u verzekerd voor een pakket diensten rondom de uitvaart. Alle verzekeraars bieden een standaardpakket aan, maar vullen dit op uiteenlopende wijze in. In grote lijnen bevat het pakket de volgende diensten:

- bespreken, regelen en uitvoeren van de uitvaart;
- verzorgen van alle formaliteiten;
- verzorgen en opbaren van de overledene;
- het vervoer van de overledene, binnen Nederland, naar de plaats van opbaring (als de opbaring niet thuis plaatsvindt);
- een eenvoudige kist;
- de begrafenis of crematie zelf;
- het personeel dat moet worden ingeschakeld, zoals de uitvaartleider en de dragers;
- het gebruik van een door de verzekeraar geadviseerde opbaarruimte;
- ontvangen en begeleiden van rouwbezoek;
- een lijkwagen met volgwagens (maximaal twee);
- het drukwerk, zoals rouwkaarten en dankbetuigingen;
- de asverstrooiing;
- het condoleanceregister;
- het gebruik van aula en koffiekamer van de begraafplaats of het crematorium, elk gedurende een half uur.

De inhoud van het pakket staat in het algemeen vast, maar het pakket kan per maatschappij verschillen. Niet inbegrepen zijn meestal de grafsteen of urn, een rouwadvertentie in de krant en bloemen. Grafrechten worden vaak deels vergoed.

Het bedrag is dan gelimiteerd tot de kosten van een crematie. De keuze voor een begrafenis of crematie wordt meestal niet van tevoren vastgelegd. Is dat wel het geval, dan is het doorgaans mogelijk in overleg met de verzekeraar daarvan af te wijken.

Sommige maatschappijen reserveren nog een bedrag dat naar keuze kan worden gebruikt voor diensten die tot het pakket behoren, bijvoorbeeld voor advertenties of bloemen.

Het is handig wanneer u de ene standaarddienst kunt ruilen voor de andere. Diensten waarvan u geen gebruikmaakt, kunnen dan worden verrekend met diensten die niet onder de dekking vallen. Let er verder op dat in de polis nauwkeurig omschreven staat waar u recht op heeft, zodat daarover later geen onenigheid kan ontstaan. Een zinsnede als 'het regelen en verzorgen van een begrafenis' is onvoldoende.

Als bepaalde diensten niet in het pakket zijn opgenomen, kunt u het pakket altijd aanvullen met een aanvullende sommenverzekering waar-

mee de extra diensten die u of uw nabestaanden tegen die tijd voor ogen staan, worden bekostigd. Kinderen worden meestal tot een bepaalde leeftijd gratis meeverzekerd.
Als een van de voordelen van een natura-uitvaartverzekering wordt vaak genoemd dat u verlost bent van de rompslomp rond een uitvaart. Verder kan zo'n verzekering een oplossing zijn voor mensen die niet ineens een uitvaart kunnen bekostigen. Zij kunnen zich tijdens leven tegen een relatief lage maandpremie verzekeren.
Maar er zijn ook nadelen. U kunt bij het afsluiten van een verzekering namelijk niet voorzien wat u later bij een uitvaart echt wilt en nodig heeft. En de kans is redelijk groot dat die wensen veranderen en niet aansluiten bij de diensten in het pakket. In de praktijk moeten nabestaanden vaak nog allerlei zaken regelen en (bij)betalen omdat de diensten uit het pakket niet voldoen. Let er ook op dat veelal alleen de kosten van een algemeen graf (zie par. 3.8a) worden gedekt; als u een eigen graf (par. 3.8b) wilt zult u meer moeten betalen. Bovendien zijn onderdelen van het pakket dikwijls gebonden aan gelimiteerde bedragen.
Als de gemaakte kosten dit bedrag overstijgen, moeten de nabestaanden bijbetalen.

2.6b Sommenverzekeringen

Een sommenverzekering is een kapitaalverzekering. Dat betekent dat bij overlijden een vast bedrag aan de nabestaanden wordt uitgekeerd waarmee de uitvaart wordt bekostigd.
Dat wordt ook wel een open polis genoemd, omdat de bijzonderheden van de uitvaart niet zijn vastgelegd. Dat kan een voordeel zijn.

2.7 Let op

Er zijn nog enkele belangrijke punten die u in de gaten moet houden. Uitvaartverzekeringen kennen doorgaans een lange looptijd, dus het is van belang in de gaten te houden of de polis zijn waarde behoudt. Verder kunt u een uitvaartverzekering wel voortijdig beëindigen, maar dat is zeer onvoordelig. En wie houdt toezicht op uitvaartverzekeraars en hoe is dat geregeld?

2.7a Is de polis geïndexeerd?

Een uitvaart kost nu meer dan 20 jaar geleden, terwijl de kosten over 20 jaar ongetwijfeld weer hoger zullen zijn. De meeste natura-uitvaartverzekeraars passen de polis automatisch aan tijdens de looptijd van

de verzekering (indexering); in het algemeen wordt dan gelijktijdig de premie verhoogd. Andere verzekeraars stellen u in staat de verzekering aan te passen, bijvoorbeeld door premieverhoging en/of verlenging van de duur van de premiebetaling.
Ook sommenverzekeringen zijn meestal geïndexeerd, zodat het verzekerde bedrag in de loop der jaren wordt aangepast. U kunt ook zelf vragen het verzekerde bedrag aan te passen. In beide gevallen moet u rekening houden met een stijging van de premie.
Oude polissen zijn doorgaans niet geïndexeerd; daardoor is het zelfs mogelijk dat bij overlijden slechts een bedrag van een paar honderd euro wordt uitgekeerd.

2.7b Afkoop

Bedenk dat een uitvaartverzekering een lange looptijd heeft en dat uw wensen kunnen veranderen. Ook kan het gebeuren dat kinderen de door hun ouders afgesloten verzekering willen beëindigen zodra ze op eigen benen staan.
Het voortijdig beëindigen van een uitvaartverzekering is zeer onvoordelig omdat er geen of een geringe afkoopwaarde is. Die afkoopwaarde is nooit gelijk aan het bedrag dat u aan premies heeft betaald. De verzekeraar verrekent namelijk de gemaakte kosten met de waarde en die kosten zijn vooral in de eerste jaren hoog. De verzekeraar heeft ook tot het moment van afkoop het overlijdensrisico gelopen. Bestaat de polis nog niet lang, dan is de opgebouwde waarde dus zeer gering, zodat er weinig of niets voor u overblijft.
Een andere mogelijkheid is het premievrij maken van een polis. U betaalt geen premies meer en de polis wordt voor een lager bedrag voortgezet. Een voorwaarde is vaak dat de verzekering al een flink aantal jaren (zeker vijf) moet bestaan. De verzekeraar laat u weten hoe hoog het verzekerde bedrag dan is, maar dat valt meestal ook tegen omdat bij het premievrij maken van een polis eveneens kosten worden verrekend.
Neem daarom altijd eerst contact op met de verzekeringsmaatschappij als u overweegt om de verzekering stop te zetten.

2.7c Toezicht

Natura-uitvaartverzekeringen vallen onder het toezicht van De Nederlandsche Bank (zie Adressen). Sinds 1 januari 1996 is de Wet toezicht Natura-uitvaartverzekeringsbedrijf (WTN) van kracht, waarin het toezicht op de uitvaartverzekeringsbranche is geregeld. De Bank bekijkt ondermeer of de verzekeraar voldoende middelen heeft om verzekeringen te kunnen uitkeren en hoe het zit met de bij de verzekeraar werkzame

personen (zoals strafbladen en faillietverklaringen). Let wel: het toezicht geldt niet voor maatschappijen die al vóór 1 januari 1996 bestonden en die minder dan 3000 meerderjarige verzekerden hebben. Dat betekent concreet dat u met deze maatschappijen met lege handen staat als het financieel misgaat. Grotere maatschappijen en nieuw opgerichte maatschappijen vallen wel onder het toezicht, ongeacht hun grootte.
Als u twijfelt of een verzekeraar toestemming heeft om (uitvaart)-verzekeringen aan te bieden, kunt u contact opnemen met de Nederlandse Bank of de AFM (zie Adressen)

2.8 Klachten

Het is mogelijk dat u klachten heeft over de uitvaartverzekering. Dat kunnen klachten zijn over de uitleg van de polisvoorwaarden, maar ook over de uitvoering van de verzekering of over een tussenpersoon die uw belangen niet goed heeft behartigd. U kunt dan terecht bij het KiFiD (Klachteninstituut Financiële Dienstverlening, zie Adressen), een loket voor verzekeringsklachten.
U kunt alleen een klacht indienen als de verzekeringsmaatschappij of tussenpersoon is aangesloten bij het KiFiD. Dat geldt in ieder geval voor de verzekeringsmaatschappijen die lid zijn van het Verbond van Verzekeraars. De meeste (grotere) uitvaartverzekeraars zijn aangesloten bij het platform Natura-Uitvaartverzekering van het Verbond van Verzekeraars (zie Adressen). De leden van het platform moeten zich houden aan een gedragscode. In deze code is onder meer geregeld dat de verzekerde gewaarschuwd moet worden als door kostenstijgingen het verzekerde pakket niet meer uitgevoerd kan worden.
Ook zijn de leden verplicht bij voortijdige beëindiging van de verzekering de verzekerde in ieder geval uit te keren wat hem toekomt. Alle leden van het platform staan ook onder toezicht van de Nederlandsche Bank. Tot het platform behoren:

- Ardanta
- Dela
- Monuta
- Nuvema, Nederlandse Uitvaartverzekering Maatschappij
- Onderlinge uitvaartverzekeraar Algemeen Belang u.a.
- Yarden

Bij het klachteninstituut zijn ook assurantietussenpersonen aangesloten die lid zijn van de Nederlandse Vereniging van Assurantieadviseurs en Financiële dienstverleners (NVA) en de Vereniging van onafhankelij-

ke assurantie- en financiële adviseurs (NBVA). Daarnaast kunnen tussenpersonen en verzekeringsmaatschappijen zich op individuele basis hebben aangesloten. Alle partijen die zijn aangesloten maken hiervan melding in de polisvoorwaarden of zijn herkenbaar aan het logo van het klachteninstituut
Voordat u een klacht of geschil bij het klachteninstituut indient, moet u eerst contact opnemen met de verzekeringsmaatschappij of met de tussenpersoon zelf. Komt u er samen niet uit, dan kunt u de klacht bij het KiFiD indienen. U schrijft een brief of maakt gebruik van een klachtenformulier en geeft de relevante feiten weer. U moet de klacht hebben ingediend binnen drie maanden vanaf de dag waarop de verzekeraar zijn definitieve standpunt aan u heeft kenbaar gemaakt. Na ontvangst van de klacht wordt deze in behandeling genomen bij KiFiD door de Ombudsman Financiële Dienstverlening. De Ombudsman probeert een klacht of een geschil via bemiddeling op te lossen. In overleg met de klager en de verzekeringsmaatschappij wordt geprobeerd een passende oplossing te vinden, waarbij de klacht of het geschil wordt beoordeeld naar redelijkheid, billijkheid en zorgvuldigheid. U krijgt bericht als aan uw klacht geheel of ten dele tegemoet kan worden gekomen. Ook als de ombudsman van oordeel is dat de klacht of het geschil niet voor (verdere) bemiddeling in aanmerking komt, krijgt u hiervan bericht. U kunt dan desgewenst een volgende stap nemen en de klacht indienen bij de Geschillencommissie Financiële Dienstverlening.
Deze procedure kost €50. De uitspraak is in principe in de vorm van een bindend advies, dat wil zeggen dat beide partijen aan de uitspraak van de Geschillencommissie zijn gebonden. Bindend advies komt er echter alleen als uw tegenpartij dit al bij aansluiting bij het Kifid heeft aanvaard of dat alsnog doet voorafgaand aan de behandeling door de Geschillencommissie (en u ook).
In plaats van het voorleggen van een geschil aan de Geschillencommissie kunt u natuurlijk ook naar de rechter.

2.9 Uitvaartverzekering of andere financiële regeling?

Voor een antwoord op deze vraag moet u eerst weten wat een uitvaart ongeveer kost. Een gemiddeld pakket voor verzorging van (louter) de uitvaart kostte volgens een enquête van de Consumentenbond in 2002 onder uitvaartondernemers ongeveer €3000 (zie ook par. 3.8). Inmiddels is dat zeker €3500 geworden.

De gemiddelde kosten van een volledige uitvaart (alles inclusief, zoals een grafsteen) liggen volgens een enquête onder nabestaanden tussen de €4000 en €5500, waarbij de kosten van een crematie dichter bij de €4000 liggen en die van een begrafenis rond €5500. Dit verschil wordt ondermeer veroorzaakt door de kosten van grafrechten en de grafsteen.
Is het verstandig om u voor deze kosten te verzekeren? In zijn algemeenheid geldt dat het aan te bevelen is om u te verzekeren tegen risico's die u niet kunt voorzien én waarvan de financiële gevolgen niet zijn te overzien (zoals brand en arbeidsongeschiktheid). Maar één van de weinige zekerheden in het leven is dat men uiteindelijk zal sterven en de financiële gevolgen daarvan (van €3000 tot €10.000) zijn goed te overzien. De meeste mensen hebben tegen de tijd dat ze overlijden genoeg geld op hun bank- of girorekening staan om de uitvaart te kunnen betalen. Nabestaanden van een overledene die in loondienst werkte of een uitkering ontving bijvoorbeeld op grond van de Algemene Ouderdomswet (AOW), Ziektewet (ZW) of de Algemene Bijstandswet (ABW), komen meestal in aanmerking voor een overlijdensuitkering. Deze uitkering bestaat in de regel uit het loon tot een maand na de dag van overlijden. Daarvan kan een deel van de uitvaart worden bekostigd. Meer hierover leest u in hoofdstuk 6.
Toch zijn uitvaartverzekeringen in Nederland erg populair. Veel mensen kiezen voor een natura-uitvaartverzekering omdat ze het een veilig idee vinden dat ze verzekerd zijn van een grotendeels verzorgde uitvaart. En als u geen genoegen neemt met het summiere standaardpakket, moet u bijbetalen. Als u wel tevreden bent met het standaardpakket, kan een natura-uitvaartverzekering wel voordeliger zijn dan wanneer u precies dezelfde uitvaart zelf zou moeten betalen. Natura-uitvaartverzekeraars kunnen voor allerlei diensten namelijk kortingen bedingen.
Het standaardpakket kan ook als een keurslijf worden ervaren in plaats van als gemak. Heeft u desondanks voorkeur voor een verzekering, maar wilt u bij de invulling van de uitvaart flexibeler zijn, dan kunt u beter kiezen voor een sommenverzekering. Tussentijdse aanpassing van het verzekerde bedrag is altijd mogelijk. Uit onderzoek van de Consumentenbond blijkt dat verzekeren vooral zin heeft voor mensen die jong (rond hun 25^{e} jaar) instappen en nabestaanden financieel willen ontlasten wanneer ze onverhoopt vroeg overlijden. (Het onderzoek ging daarbij van de volgende aannames uit: voor natura-uitvaartverzekeringen overlijden vóór (gemiddeld) het 63^{e} jaar en voor sommenverzekeringen vóór (gemiddeld) het 57^{e} jaar.)
U kunt ook kiezen voor het storten van een deposito bij een uitvaartondernemer, uitvaartvereniging of uitvaartverzekeraar. Zo'n deposito

is een soort spaarrekening, speciaal bedoeld voor het betalen van de uitvaart. Het is in de regel niet mogelijk tijdens het leven een deel van het deposito op te nemen. Heeft u het deposito bij een uitvaartondernemer gestort, dan moet de uitvaart na het overlijden ook meestal door hem worden afgehandeld.
Een bezwaar van een depositofonds is dat u bij een faillissement van de uitvaartondernemer of -vereniging het risico loopt dat u het geld kwijt bent.

Als u er behoefte aan heeft financieel iets te regelen zonder dat u aan specifieke voorwaarden bent gebonden, kunt u ook zelf sparen door bijvoorbeeld een spaarrekening bij een bank te openen. Het geld is veilig gestald en u heeft volop vrijheid in de besteding ervan. Bedenk wel dat nabestaanden niet meteen kunnen beschikken over een spaarrekening omdat na het overlijden de rekeningen geblokkeerd worden. Om over het saldo te kunnen beschikken, is een verklaring van erfrecht nodig. Zie ook hoofdstuk 6.
Nog even iets over rendementen. Uit onderzoek van de Consumentenbond uit 2006 blijkt dat bij voortijdig overlijden zelf sparen (uitgangspunt: rente 3%) het aflegt tegen een natura-uitvaartverzekering. Ook op langere termijn kan een uitvaartverzekering van diverse aanbieders goed renderen (ondanks de kosten die verzekeraars u berekenen). Dit geldt met name voor verzekeraars die zelf de uitvaart verzorgen en daardoor groot en goedkoper inkopen van diensten bij met hen (samenwerkende) uitvaartondernemingen.
Wat financiële regelingen betreft, kan het nuttig zijn het volgende te weten. Als u in een verzorgingshuis verblijft, moet u een maandelijkse bijdrage betalen. Die bijdrage is afhankelijk van uw inkomen. Hoe hoger het inkomen, des te hoger de eigen bijdrage. Tot uw inkomen wordt ook de fictief bepaalde rente op al uw spaartegoeden gerekend. In het nieuwe belastingstelsel gaat de fiscus ervan uit dat u met uw spaargeld een rendement van 4% behaalt. Als u in een verzorgingshuis een spaartegoed heeft dat specifiek bedoeld is voor de bekostiging van uitvaart, dan hoeft u die rente van 4% niet bij uw inkomen te tellen (tot een bepaald maximum) voor de bepaling van uw maandelijkse bijdrage.
Maar als u een kostendekkende uitvaartverzekering heeft afgesloten, kunt u niet van deze vrijstelling gebruikmaken.
Meer informatie hierover is verkrijgbaar bij het College voor Zorgverzekeringen (zie Adressen).

2.10 Kosten van de uitvaart hoger dan de financiële middelen?

Wie betaalt de uitvaart als de overledene geen voorzieningen heeft getroffen, of wanneer de uitvaart niet uit de nalatenschap kan worden bekostigd?
Als de overledene een bijstandsuitkering ontving, kan voor de kosten van de uitvaart een beroep worden gedaan op de Sociale Dienst van de gemeente waar de overledene een uitkering had. De gemeente zal dan beoordelen of de overledene inderdaad geen eigen middelen had om zijn uitvaart te bekostigen. De gemeente zal vervolgens de uitgekeerde uitvaartkosten verhalen op eventuele nabestaanden. Iedere gemeente heeft daarvoor zijn eigen regels.
Had de overledene geen uitkering, dan moeten de nabestaanden voor de kosten opdraaien. Als zij de middelen daartoe niet hebben, kunnen ze voor het eigen aandeel bij de gemeente een beroep doen op de Algemene Bijstandswet (ABW). Deze wet kent het onderdeel bijzondere bijstand en wellicht kunnen de nabestaanden daarvoor in aanmerking komen. Maar ook in dit geval geldt dat iedere gemeente zijn eigen regels heeft bij de toekenning van bijzondere bijstand.
De gemeente zal onder meer nagaan of de nabestaanden zelf wellicht voldoende middelen hebben of een beroep kunnen doen op een andere voorziening. De kans dat men recht heeft op bijzondere bijstand is natuurlijk groter als de nabestaanden zelf op bijstandsniveau leven. Als de gemeente een vergoeding verstrekt, moet u er rekening mee houden dat die minimaal zal zijn. Een luxe uitvaart zal dus nooit worden geaccepteerd.
Iedereen wordt in ieder geval begraven of gecremeerd, want de Wet op de lijkbezorging verplicht een gemeente een uitvaart te regelen als niemand opdracht geeft tot de uitvaart van een overledene. De gemeente kan dan vervolgens wel proberen de kosten op eventuele nabestaanden te verhalen. Ook in zo 'n geval geldt dat de uitvaart uiterst sober zal zijn.

2.11 De fiscus

In deze paragraaf besteden we aandacht aan twee fiscale aspecten rond een overlijden.
Een uitvaartverzekering vertegenwoordigt een bepaalde waarde en maakt onderdeel uit van uw vermogen. Moet u daar belasting over betalen?

Een andere fiscale vraag is welke kosten die in verband met een sterfgeval worden gemaakt, van de belastingen kunnen worden afgetrokken.

2.11a Uitvaartverzekeringen en de vermogensrendementsheffing

Hoe zijn de fiscale regelingen met betrekking tot uitvaartverzekeringen? In het inkomstenbelastingstelsel valt de gemiddelde waarde (peildata zijn 1/1 en 31/12) van spaartegoeden, kapitaalverzekeringen en dergelijke in box 3. Over de waarde daarvan moet jaarlijks 1,2% inkomstenbelasting worden betaald. Dit wordt de vermogensrendementsheffing genoemd.

Voor uitvaartverzekeringen geldt echter onder voorwaarden een vrijstelling. Die voorwaarden zijn voor de sommenverzekering dat er sprake moet zijn van een levensverzekering die alleen tot uitkering komt bij het overlijden van de belastingplichtige, zijn partner of een bloed- of aanverwant, en dat de waarde van de rechten per persoon niet hoger is dan €6590 (2008). Ook de natura-uitvaartverzekering, waarbij de prestatie bestaat uit de verzorging van de uitvaart, is tot het genoemde bedrag vrijgesteld. Dit bedrag wordt jaarlijks aan de inflatie aangepast. De verzekeraar moet u jaarlijks een opgave van de waarde van de verzekering doen.

Als de waarde van de door de verzekeraar gedane opgave niet meer is dan €6590, hoeft u daarvan geen aangifte te doen en er dus ook geen belasting over te betalen. Als dit bedrag wordt overschreden, moet u over de gehele waarde van de verzekering vermogensrendementsheffing betalen. In de praktijk zal dat weinig voorkomen omdat de meeste polissen een lagere waarde hebben.

2.11b Zijn de premies aftrekbaar?

Zijn de premies van een uitvaartverzekering aftrekbaar van de belastingen? Onder het huidige belastingstelsel zijn uitgaven wegens overlijden op zich aftrekbaar onder de noemer buitengewone uitgaven. Het moet dan gaan om kosten die zijn gemaakt in verband met het overlijden van de belastingplichtige, zijn partner of kinderen jonger dan 27 jaar.

Premies of koopsommen voor een begrafenisverzekering behoren tot de categorie kosten die voor het overlijden zijn gemaakt en zijn dus aftrekbaar. De polis mag dan geen mogelijkheid bevatten tot afkoop en de uitkering mag uitsluitend worden gebruikt om een uitvaart te bekostigen, terwijl er geen mogelijkheid mag bestaan dat premies worden terugbetaald. Dat geldt zowel voor de natura-uitvaartverzekering als voor de sommenverzekering.

De mogelijkheid dat geld wordt terugbetaald, bestaat als u een depositostorting heeft gedaan ten behoeve van uw uitvaart. Een deposito is een vorm van een spaarrekening en het geld kunt u in principe ook voor andere doeleinden gebruiken. Daarom kan dit bedrag niet van de belastingen worden afgetrokken.
De uitgaven wegens overlijden kunt u samen met onder meer ziekte- en invaliditeitskosten opvoeren onder de buitengewone uitgaven. Er geldt echter wel een niet-aftrekbaar deel (drempel) dat afhankelijk is van het verzamelinkomen (inkomen uit alle boxen samen) van u en uw eventuele partner. Voor alle belastingplichtigen bedraagt de drempel 1,65% van dat genoemde verzamelinkomen, met een minimum van €115.

2.11c Buitengewone uitgaven

Als de nabestaanden de uitvaart hebben bekostigd, kunnen zij de kosten van de uitvaart als kosten van overlijden van de belastingen aftrekken, maar alleen als het hun partner of kinderen jonger dan 27 jaar betreft. De uitgaven moeten wel op de nabestaanden drukken (dat wil zeggen dat ze niet op een ander kunnen worden verhaald). Als u een uitkering krijgt uit een speciaal voor de begrafenis of crematie bedoelde verzekering moet deze in mindering worden gebracht op de af te trekken kosten. Daarentegen mag u zelf betaalde kosten wel volledig aftrekken als u door het overlijden een uitkering uit een gewone levensverzekering krijgt.
De buitengewone uitgaven (waartoe behalve kosten van overlijden ook ziektekosten en dergelijke behoren) zijn pas aftrekbaar voor zover ze een bepaald minimumbedrag (drempel) overschrijden. De hoogte van die drempel is gekoppeld aan de hoogte van het verzamelinkomen (het inkomen van u en uw partner in alle drie boxen samen). Zie par. 2.11b.
Aftrekbaar als kosten van overlijden zijn:

- uitgaven die direct verband houden met het overlijden, de begrafenis en de crematie. Hiertoe behoren onder andere uitgaven voor de begrafenis en crematie zelf, het bijwonen daarvan, uitgaven voor de grafbedekking en bloemen, kosten van rouwkaarten, advertentie en koffie;
- uitgaven voor de reis of het verblijf in verband met de laatste ziekte van een in het buitenland verblijvende partner of kinderen jonger dan 27 jaar. U mag niet meer aftrekken dan wat in dergelijke omstandigheden gebruikelijk is.

Gaat u overigens daarna nog eens op reis naar de begrafenis of crematie van uw partner of jonge kind in het buitenland, dan kunt u de kosten van die reis ook aftrekken.

Voor meer informatie kunt u terecht bij de Belastingtelefoon (zie Adressen).
Let op: de aftrekregeling buitengewone uitgaven wordt per 2009 grondig gewijzigd of zelfs afgeschaft. Deze zou dan alleen nog gebruikt kunnen worden door chronisch zieken.

3 Invulling van de uitvaart

In dit hoofdstuk beschrijven we chronologisch het uitvaartproces en de keuzes die u kunt maken. Voor een indicatie van de kosten van verschillende onderdelen van een uitvaart verwijzen we naar tabel 1 op pagina 42.

3.1 Standaard of anders?

Voor een uitvaart moeten in korte tijd veel zaken geregeld worden. In de praktijk zijn uitvaarten nog steeds min of meer standaard en lijken ze veel op elkaar. Maar tegenwoordig zijn er legio mogelijkheden om het specifieke of persoonlijke van de overledene bij de uitvaart tot uitdrukking te brengen, zodat het afscheid een persoonlijk tintje krijgt.
De organisatie van een uitvaart vergt wel meer inspanningen wanneer u afwijkt van 'hetgeen gangbaar is'. Ook de kosten kunnen hoger uitvallen. Toch wordt de realisatie van een persoonlijke uitvaart steeds makkelijker, eenvoudigweg doordat de afgelopen jaren steeds meer personen en bedrijven zich bezighouden met allerlei zaken rond de uitvaart. Er zijn kunstenaars die bijzondere grafmonumenten maken, vocalisten die tijdens een afscheidsplechtigheid komen zingen en er zijn enkele uitvaartwinkels. Daar kunt u bijvoorbeeld terecht voor bijzondere grafkisten of urnen.
Belangrijk is ook dat steeds meer uitvaartondernemers een eigen invulling van de uitvaart stimuleren en niet vasthouden aan wat gebruikelijk is. Als een uitvaartondernemer niet zo genegen is mee te werken aan uw eigen invulling – te ingewikkeld, niet gebruikelijk enzovoort – probeer dan toch vast te houden aan uw eigen wensen, hoe moeilijk dat ook is in die verwarrende tijd na een overlijden. Een mooi verzorgde 'eigen' uitvaart kan namelijk enigszins helpen bij het begin van de verwerking van het verlies.

3.2 Verzorging en opbaring

Als iemand is overleden, moet hij worden verzorgd (afgelegd) en aangekleed. Dat kan worden gedaan door de uitvaartondernemer, door een verpleegkundige, maar ook door de nabestaanden, al dan niet met

hulp. Wanneer het overlijden plaatsvindt in een ziekenhuis, verzorgingshuis of verpleeghuis en de nabestaanden willen bij het afleggen betrokken worden, moeten zij dat kenbaar maken, indien mogelijk vóór het overlijden.
De overledene wordt gewassen en verzorgd, mannen worden zo nodig geschoren, het haar wordt in model gebracht en de overledene wordt aangekleed. Eventueel kan een foto helpen als een 'vreemde' deze verzorging voor zijn rekening neemt.
De overledene kan gewoon thuis worden opgebaard, maar ook in een rouwcentrum en vaak ook in een verzorgings- of verpleeghuis. Als iemand in een ziekenhuis is overleden, kan de overledene naar huis of rouwcentrum worden gebracht en daar worden opgebaard.
Opbaren thuis heeft als voordeel dat nabestaanden goed afscheid kunnen nemen, in een vertrouwde omgeving en zo vaak als men wil.
Bij opbaring in een rouwcentrum moet, als de nabestaanden dat wensen, een tijdstip worden bepaald waarop familie, vrienden en bekenden afscheid van de overledene kunnen nemen. Vaak is daarvoor gelegenheid op de avond voorafgaande aan de uitvaart. Sommige rouwcentra bieden een opbaarruimte met een sleutel voor de nabestaanden, waardoor ze kunnen komen en gaan wanneer ze willen.

3.3 Grafkisten

Hoewel de meeste overledenen in een kist worden begraven of gecremeerd, is het ook toegestaan zonder kist te worden begraven. Om praktische en hygiënische redenen moet het lijk wel in een omhulsel worden begraven of gecremeerd. Het omhulsel kan een lijkwade zijn, maar het mogen ook gewone doeken of lakens zijn, als het maar geen kunststof is. Het lijk wordt op een baar gelegd.
Ook voor de kist gelden eisen. Zo mag deze niet in hoofdzaak uit kunststof bestaan. Kisten zijn er in vele uitvoeringen en prijzen. De eenvoudigste en goedkoopste kisten bestaan uit spaanplaat met een eiken fineerlaag of printfolie. Ze zijn echter ook verkrijgbaar in duurder massief grenen- en eikenhout.
Nabestaanden kunnen ook zelf een kist maken. Men kan de kist beschilderen, een beschilderde kist kopen of een kist naar eigen ontwerp laten beschilderen. Er is zelfs een bedrijf dat een doodskist/boekenkast heeft ontworpen. Tijdens het leven is het een boekenkast, na het overlijden is het de doodskist. De boekenplanken worden dan gebruikt om de kist af te sluiten.

Als de overledene een natura-uitvaartverzekering had, heeft hij meestal recht op de eenvoudigste kist. Tegen bijbetaling kunt u wel een andere kist krijgen.
De nabestaanden kunnen zelf de kist sluiten. En u kunt de overledene iets meegeven, bijvoorbeeld een tekening, een knuffelbeest of een symbolisch voorwerp.
Het balsemen – dat wil zeggen de chemische preparatie van een lijk om het langer goed te houden – is in Nederland op grond van de Wet op de lijkbezorging op dit moment nog niet toegestaan. Dat gaat binnenkort veranderen. Zie daarvoor par. 3.12.

3.4 Kennisgeving

Het overlijden van iemand zult u aan anderen kenbaar willen maken. Dat kan op diverse manieren.

3.4a Drukwerk

In de regel zijn rouwkaarten wit, met een zwarte of grijze rand. Maar er zijn ook voorbedrukte kaarten met afbeeldingen als strand, bos, bloemen, vogels enzovoort. Er zijn drukkerijen die rouwdrukwerk in kleur leveren, met bijvoorbeeld een gedichtje. Voor het overlijden van een kind zijn bijzondere kaarten verkrijgbaar. Nabestaanden kunnen ook zelf het ontwerp voor de rouwkaarten maken.
Voor een zorgvuldige verzending van rouwkaarten is op het postkantoor een speciale verzendset verkrijgbaar. Daar kunt u ook speciale rouwpostzegels kopen, waardoor de herkenbaarheid van rouwbrieven wordt vergroot.
Soms worden zes weken na de uitvaart dankbetuigingen gestuurd naar de belangstellenden. Hier zijn voorgedrukte kaarten voor verkrijgbaar, maar een zelf geschreven of zelf ontworpen kaart kan ook. Soms wordt een foto van de overledene of een in-memoriamboekje verstuurd.

3.4b Rouwadvertentie

Voor een rouwadvertentie wordt doorgaans de tekst van de rouwkaart naar de krant gefaxt of gemaild. Op verzoek kan worden afgeweken van de standaardopmaak: drie- of vierkoloms, geen of een dunne rand of een andere dan de standaard letter. Ook kunnen er foto's of afbeeldingen worden afgedrukt. Er zijn ook internetsites waar u zelf een rouwadvertentie kunt maken. De kosten van een overlijdensadvertentie moet u niet onderschatten. Een rouwadvertentie in een landelijk dagblad kan wel €1500 kosten. Bij de grotere regionale kranten liggen de tarieven lager, bij de kleinere regionale kranten een stuk lager.

3.5 Vervoer en rouwstoet

Na het overlijden moet de overledene worden vervoerd naar de plaats van opbaring (tenzij de overledene thuis is overleden en daar wordt opgebaard). Dit vervoer gaat in de regel per rouwauto (in de kist of per brancard) of in een speciaal transportbusje.

Het vervoer van de overledene op de dag van de uitvaart (het statievervoer) kunt u op verschillende manieren regelen. Meestal gebeurt dat per lijkwagen met een aantal volgwagens (voor nabestaanden) die geregeld zijn door de uitvaartonderneming. Ze zijn er in soorten: zwart, wit en grijs. Daarnaast zijn er speciale auto's, zoals een oldsmobile. U kunt het vervoer ook zelf regelen, al moet u er wel rekening mee houden dat het moeite kan kosten een geschikte lange auto te vinden. Voor het vervoer van een overledene bieden gespecialiseerde bedrijven diverse mogelijkheden. U kunt natuurlijk ook kiezen voor een ander vervoermiddel, bijvoorbeeld een boot. Of u regelt een rouwstoet met koetsen, zoals dat vroeger gebeurde, of een rouwstoet te voet of per fiets, waarbij de kist op een bakfiets staat. Vrij nieuw is de uitvaartbus waarmee nabestaanden de overledene kunnen vergezellen op zijn of haar laatste reis.

3.6 Bloemen

Het geven van bloemen of kransen is een eerbetoon aan de overledene en een gebaar van troost voor de nabestaanden.

Bloemen of kransen kunnen worden besteld bij een bloemist. Het is mogelijk dat de uitvaartondernemer dit tot zijn taak rekent, maar u kunt net zo goed zelf naar een bloemist van uw keuze stappen en een bestelling plaatsen. Soms wordt gekozen voor één soort bloemen of voor een bepaalde kleur, of wordt alle aanwezigen gevraagd een bloem mee te nemen om die bij de kist te leggen. Ook op dit punt is alles mogelijk, bijvoorbeeld een boeket uit eigen tuin. Vaak worden aan de bloemstukken linten bevestigd met een tekst.

De bloemen kunnen na de uitvaart bij het graf worden gelegd, of op het crematoriumterrein. U kunt ze echter ook mee naar huis nemen. Ook de linten kunnen voor u worden bewaard.

Als u geen bloemen wilt maar bijvoorbeeld een gift voor een goed doel, dan kunt u dat op de rouwkaart vermelden.

3.7 Afscheidsbijeenkomst

Bij de afscheidsbijeenkomst wordt nog één keer gezamenlijk stilgestaan bij het leven van de overledene. De bijeenkomst voorafgaande aan de begrafenis of crematie vindt meestal plaats in de aula van de begraafplaats of het crematorium.
Voor gelovige mensen wordt meestal een dienst in een kerk gehouden.
Waaruit bestaat een afscheidsbijeenkomst? Als men lid is van een kerkgenootschap, wordt vaak gekozen voor een kerkelijk verzorgde uitvaart. Ook mensen die kerkelijk zijn opgevoed maar bij wie de godsdienstigheid is afgezwakt, blijken bij een overlijden toch vaak troost te vinden in een kerkelijke uitvaart. De ambtsdrager van de kerk, de dominee, pastoor of rabbijn, zal de dienst leiden en de aanwezigen toespreken.
Als men niet kerkelijk is, zullen de nabestaanden de dienst vorm moeten geven. De bijeenkomst wordt geleid door de uitvaartleider of door een nabestaande.
Verderop in dit hoofdstuk leest u meer over de rituelen die bij verschillende godsdiensten of bij een levensovertuiging horen.
Een afscheidsbijeenkomst kan geheel naar eigen wens worden ingevuld. Bij een kerkelijk verzorgde uitvaart worden de wensen ingepast in het kerkelijke ritueel.
De bijeenkomst en de daaropvolgende begrafenis of crematie kunnen in besloten kring plaatsvinden met slechts enkele genodigden. Bijvoorbeeld als de overledene uitdrukkelijk te kennen heeft gegeven dat hij in stilte wilde worden begraven of gecremeerd. Is het een bijeenkomst met meer mensen, dan moet u bepalen hoeveel er aan het woord komen.
Er kunnen toespraken worden gehouden, gedichten worden voorgedragen en er kan muziek ten gehore worden gebracht. Het is wel prettig als men daarvan vooraf op de hoogte is, zodat het in het programma kan worden ingepast.
Kinderen leggen bijvoorbeeld tekeningen bij de kist, er worden kaarsen aangestoken, alle aanwezigen laten een meegebrachte bloem bij de kist achter enzovoort.
Daarnaast bestaat de mogelijkheid dat u iemand inhuurt die een toespraak houdt, een zogeheten funeraire spreker. Zo kan aan de hand van een voorgesprek met de nabestaanden een 'in memoriam' worden gemaakt en voorgelezen tijdens de bijeenkomst. Als begeleiding van de

toespraak kunnen beelden worden geprojecteerd. Die beelden kunnen bestaan uit foto's, tekeningen of teksten.

3.7a Muziek

Vaak is er muziek bij het binnenkomen en bij het verlaten van de aula, met nog één nummer tijdens de bijeenkomst. U kunt het natuurlijk anders organiseren, maar let wel op de beschikbare tijd. Meestal wordt gebruikgemaakt van cd's. U kunt zelf een cd meenemen, misschien wel uit de collectie van de overledene. Veel crematoria beschikken overigens over een breed repertoire aan muziek.
U kunt ook kiezen voor levende muziek. Soms heeft het crematorium een organist in dienst of u huurt zelf een vocalist of band. U kunt afspraken maken met speciale uitvaartmusici en misschien wil een van de nabestaanden een instrument bespelen of een lied zingen.

3.7b Beeld- en/of geluidsopnamen

Van de afscheidsbijeenkomst kunnen beeld- en/of geluidsopnamen worden gemaakt. De toespraken, gedichten en muziek blijven dan bewaard. In een crematorium bestaat de mogelijkheid dat men de toespraken en de uitgevoerde muziek tijdens de bijeenkomst voor u opneemt op een cassettebandje of op een cd. In een aantal crematoria is het mogelijk een video-opname te laten maken van de gehele crematieplechtigheid. Er zijn trouwens ook bedrijfjes die hun diensten op dit gebied aanbieden.
U kunt ook zelf foto's maken of een professionele fotograaf inhuren om een aantal momenten vast te leggen, bijvoorbeeld de sprekers, de met bloemen versierde kist en het graf.

Tip

Soms bieden verzekeraars/uitvaartondernemers de mogelijkheid om een bewaker op het huis te laten passen als u naar de begrafenis of crematie gaat. Dit ter voorkoming van inbraak of diefstal tijdens uw afwezigheid.

3.7c Condoleanceregister

De aanwezigen bij een uitvaart kunnen in een condoleanceregister hun naam en adres noteren. Zo'n boek wordt uitsluitend gebruikt om de gegevens te verzamelen die nodig zijn voor het versturen van de bedankkaarten. Maar er zijn ook condoleanceregisters verkrijgbaar die kleine kunstwerkjes zijn, met bijvoorbeeld een mooie kaft. In zo'n boek is ook ruimte voor een persoonlijk woord, een gedichtje of een tekening. Later kunnen nog bladzijden worden toegevoegd voor degenen die niet meteen een troostend woord hebben. Bij een uitvaart kunnen ook condoleancekaarten worden uitgedeeld met ruimte voor een persoonlijk woord, die mensen op een rustig moment kunnen invullen. Zeker bij grote uitvaarten hoeft men dan niet lang in een rij voor het condoleanceregister te wachten.

3.7d Een herinnering op papier

De teksten en de liederen kunnen op papier worden gezet en aan de aanwezigen worden uitgedeeld. In de katholieke kerk worden soms nog bidprentjes uitgedeeld. Dat prentje leggen mensen als herinnering in hun kerkboek, zodat ze de overledene in hun gebeden zullen gedenken. De nabestaanden kunnen een in-memoriamboekje maken met daarin bijvoorbeeld een foto van de overledene en teksten die aan hem of haar zijn gewijd. In het overlijdensbericht of in de advertentie kan iedereen worden uitgenodigd zijn herinneringen aan de overledene op papier te zetten en mee te nemen naar de uitvaart. Die herinneringen worden dan in een map gebundeld. Zeker bij jong gestorven ouders kan dit voor de kinderen een waardevolle herinnering zijn.

Online condoleren

Een relatief nieuwe mogelijkheid is het online tekenen van een condoleanceregister. Handig voor mensen die niet op tijd of om een andere reden niet fysiek aanwezig bij de uitvaart kunnen zijn. Op www.condoleance.nl en kunt u zelf een condoleanceregister aanmaken of een bestaand register tekenen.

3.7e Enkele praktische punten

Bij de organisatie van een afscheidsbijeenkomst moet u een aantal praktische zaken in de gaten houden, zoals de datum en het tijdstip van de bijeenkomst en de plaats waar deze wordt georganiseerd. De duur van de bijeenkomst is eveneens van belang. Een klacht die men soms hoort, is dat alles zo snel moet. Wanneer u voorziet dat er veel bezoekers komen en dat het programma meer tijd vergt dan het gebruikelijke halfuur, reserveer dan meer tijd.

Al deze zaken moeten op korte termijn worden vastgelegd, omdat deze informatie op de rouwkaarten en in de rouwadvertentie vermeld moet worden. Tevens dient een geluidsinstallatie aanwezig te zijn, want de sprekers en de muziek moeten goed verstaanbaar zijn.

Als u voor de afscheidsbijeenkomst derden inschakelt – bijvoorbeeld musici – maak dan goede afspraken over wat ze gaan doen en over de vergoeding. Zet bij voorkeur de afspraken op papier om misverstanden te voorkomen.

Voor een idee van de kosten rond een uitvaart, zie tabel 1 op de volgende pagina, afkomstig van www.uitvaart.nl. Het gaat hier nadrukkelijk om 'gemiddelde' kosten. De bedragen zijn niet meer dan een indicatie van

wat de kosten zouden kunnen zijn. De werkelijke kosten zullen afwijken; zo verschillen de grafrechten van gemeente tot gemeente. Dat verschil kan duizenden euro's bedragen. Aan deze tabel kunt u uiteraard geen rechten ontlenen.
Als u in het buitenland begraven wilt worden moet u ook nog rekening houden met extra kosten van vervoer naar het betreffende land.

Tabel 1 Indicatie van gemiddelde kosten uitvaart (in €)

Akte van overlijden	10
Basistarief uitvaartverzorger begrafenis	1200
Basistarief uitvaartverzorger crematie	1200
100 personen rouwkaarten (zonder porto)	250
Verzorging van overledene	150
Opbaren thuis	350
Opbaren in uitvaartcentrum	500
Overbrengen overledene naar rouwcentrum of huis	150
Laatste vervoer overledene per lijkwagen	150
Laatste vervoer overledene per koets	1200
Rouwkamer in uitvaartcentrum (2 avonden)	325
Eén volgauto (vervoer binnen gemeente)	150
Twee volgauto's	300
Drie volgauto's	450
Vier dragers	220
Kist, massief eiken	900
Kist, massief mahonie	1200
Kist, spaanplaat eikenfineer	425
Kist, spaanplaat printfolie wit	360
Lijkwade	45
Lijkwade (handgeweven)	1750
Uitvaartmis in kerk	500
Uitvaartpersoneel, inclusief vervoer	400
Standaard condoleanceregister	15
Bloemstuk op kist	120
Bijeenkomst (half uur) in uitvaartcentrum	115
Extra half uur	135
Opname op cassette	10
Opname op cd	25

Opname op video (incl. montage)	500
100 personen koffie met cake na uitvaart	355
100 personen bedankkaarten (zonder porto)	150
Advertentie in regionaal dagblad	450
Advertentie in landelijk dagblad	1500
Gebruik aula begraafplaats	150
Gebruik condoleanceruimte begraafplaats	100
Begraafkosten begraafplaats (maandag t/m vrijdag)	750
Begraafkosten begraafplaats (zaterdag)	1100
Algemeen graf	700
Eigen graf (20 jaar met onkosten)	3300
Grafsteen	2100
Crematorium (crematie, aula, bijzetting asbus)	1200
Sierurn keramiek	200
Sierurn natuursteen	440
Verstrooiing as bij crematorium	105
Verstrooiing as op zee zonder familie	70
Verstrooiing as op zee met familie	425
As bewaren in nis in crematorium (1 jaar)	90
As bewaren in urnenmuur/columbarium (5 jaar)	515
Asmedaillon	250

3.8 Begrafenis

Na de afscheidsbijeenkomst vindt aansluitend de begrafenis plaats. Hierbij komen enkele zaken aan de orde waarbij u moet bedenken wat u zelf wilt. Wordt de kist gedragen door mensen van de uitvaartonderneming of doen familieleden en vrienden dit? Wordt de kist echt gedragen of wordt hij voortgeduwd op een rijdende baar? Als u dat wilt, kunnen familieleden de kist in het graf laten zakken.
En wilt u dat de aanwezigen allemaal zand of bloemen op de kist strooien? Het graf kan later gedicht worden, maar het is ook mogelijk dat de nabestaanden daarbij assisteren.
U kunt ervoor kiezen dat na afloop van de begrafenis de belangstellenden als eersten worden weggeleid, zodat de directe nabestaanden nog even gezamenlijk bij het graf blijven.
Bedenk bij alles wat u zelf het prettigst vindt.

Enige tijd na de begrafenis kunt u een grafsteen of een grafmonument(je) op het graf laten plaatsen. Tot die tijd kunt u een tijdelijk naambordje plaatsen. Ook is het mogelijk bloemen of struikjes te planten.
Een begrafenis moet plaatsvinden op daartoe aangewezen begraafplaatsen. Het is niet toegestaan iemand in de eigen tuin te begraven. Er zijn twee soorten begraafplaatsen: gemeentelijke en bijzondere begraafplaatsen. De eerste worden beheerd door de gemeente, de laatste door een kerkgenootschap of een stichting. Er zijn twee soorten graven, de algemene en de eigen graven.

3.8a Algemeen graf

In een algemeen graf worden maximaal drie 'vreemden' boven elkaar begraven. Wie dat zijn, bepaalt de beheerder van de begraafplaats. Algemene graven kunnen tien jaar nadat het laatste stoffelijke overschot in het graf is geplaatst, worden geruimd. Deze periode is soms langer, maar dat is afhankelijk van de begraafplaats. Tien jaar is in ieder geval de wettelijke minimumgrafrusttermijn. Dat is de termijn waarbinnen het stoffelijke overschot ongemoeid moet worden gelaten.
Het opgraven van een stoffelijk overschot uit een algemeen graf binnen die tien jaar en het herbegraven in een eigen graf is in de regel niet mogelijk. Vaak kunnen wel de stoffelijke resten bij de ruiming van het graf apart worden bewaard – bijvoorbeeld in een eigen graf – of worden gecremeerd. Let op: het komt soms voor dat een overledene met sieraden of giften wordt begraven. In de wet staat niet wat er meebegraven mag worden. Het is later bijna onmogelijk om deze sieraden terug te krijgen.
Op een algemeen graf mag een steen worden geplaatst, maar wel een van beperkte afmetingen. Er moet namelijk ruimte zijn om eventueel nog twee stenen te plaatsen voor de andere overledenen.
Niet elke begraafplaats heeft trouwens algemene graven; dat is erg streekgebonden. In de Randstad komen ze vrij veel voor omdat er doorgaans onvoldoende grond is en omdat de kosten van een eigen graf hoog zijn. In het noorden, zuiden en oosten van het land komen algemene graven nauwelijks voor.
Bij een algemeen graf zijn eenmalig begraafrechten verschuldigd.
Deze verschillen van begraafplaats tot begraafplaats. De begraafrechten betaalt u voor het begraven in het algemene graf. Bij sommige begraafplaatsen moet u voor het delven van het graf apart betalen. Gemiddeld kost een algemeen graf ruim €700 (bron: Monuta)
De kosten liggen hoger als de begrafenis op zaterdag plaatsvindt. Verder moet u soms apart een bijdrage per jaar of een som ineens betalen voor het algemeen onderhoud van de begraafplaats.

Het is van belang vooraf te weten of u te maken heeft met een algemeen graf omdat het voorkomt dat de nabestaanden er te laat achter komen dat de overledene in een algemeen graf is begraven.

3.8b Eigen graf

Een eigen graf of familiegraf is een graf waarop een uitsluitend recht rust. Dat wil zeggen dat de rechthebbende bepaalt wie erin wordt begraven. Dit recht kan in het reglement van de begraafplaats nader omschreven zijn, bijvoorbeeld voor hoeveel personen en dat het recht slechts voor bepaalde familierelaties geldt. Soms kunt u kiezen uit verschillende soorten graven; de luxueuzere graven liggen wat verder uit elkaar of bestaan uit gemetselde keldergraven. Deze graven zijn uiteraard duurder.
De graven waarop een uitsluitend recht rust, worden uitgegeven voor onbepaalde tijd of voor minimaal 20 jaar. Deze termijn kan steeds met maximaal tien jaar worden verlengd. Zo'n verlenging is uiteraard niet kosteloos. De beheerder van een begraafplaats moet de rechthebbende tijdig inlichten wanneer een termijn verloopt. De rechthebbende krijgt daarvan schriftelijk bericht. Als het adres niet bekend is, moet de mededeling aangekondigd worden bij het graf en bij de ingang van de begraafplaats. Andersom verdient het aanbeveling dat (toekomstige) nabestaanden hun (gewijzigde) adressen zo spoedig mogelijk aan de begraafplaats doorgeven. De voorgestelde nieuwe Wet op de lijkbezorging (die begin 2008 nog niet in werking was getreden) zegt dat de rechthebbende van een graf de begraafplaats zelf op de hoogte moet brengen van een verhuizing.
Voor het gebruik van het eigen graf is men eenmalig een uitgiftebedrag – de grafrechten – verschuldigd. Daarnaast moeten kosten worden betaald voor de begrafenis van ieder stoffelijk overschot (de begraafrechten). Het graf moet dan namelijk worden geopend en gesloten. De kosten van eigen graven variëren enorm. Ze zijn afhankelijk van de begraafplaats – in grote steden zijn ze over het algemeen duurder – en van de grootte van het graf. Dat geldt zowel voor de graf- en begraafrechten als voor de kosten van verlenging.
De rechthebbende van een graf is ook verantwoordelijk voor het onderhoud. Voor het onderhoud kunt u zelf zorg dragen, maar soms bent u verplicht dit tegen betaling aan de beheerder van de begraafplaats over te laten. Deze verplichting is voortgekomen uit de ervaring dat nabestaanden de eerste jaren na het overlijden meestal regelmatig het graf bezoeken en onderhouden. Later wordt dat minder en dan wordt het graf verwaarloosd. U betaalt voor het onderhoud dan een jaarlijkse bijdrage, of een afkoopsom ineens voor alle jaren.

Bedenk dat bij eigen onderhoud het grafrecht kan vervallen als deze taak wordt verwaarloosd. Op een aantal begraafplaatsen moet per jaar een bedrag worden betaald voor het algemeen onderhoud van de begraafplaats. Het is belangrijk dat de beheerder van de begraafplaats over het juiste adres van de rechthebbende van het graf beschikt, zodat hij hem tijdig kan inlichten over onder meer de afloop van een graftermijn. Bij het overlijden van de rechthebbende kan een aanvraag worden gedaan tot overboeking op een andere naam. Als dat niet tijdig gebeurt, kan de grafruimte worden geruimd, maar uiteraard pas na afloop van de wettelijke grafrusttermijn van tien jaar.
De beheerder van de begraafplaats moet een register bijhouden van alle daar begraven overledenen, met een nauwkeurige aanduiding van de plaats van het graf. Dit register is openbaar.
Ten slotte: op sommige begraafplaatsen is het mogelijk een zogenoemde optie op een graf te nemen. U heeft bijvoorbeeld een speciale plek op het oog waar u later wilt worden begraven, in een mooie groene hoek.
Als u een natura-uitvaartverzekering heeft, moet u goed weten voor welk type graf u verzekerd bent. Vaak zijn de kosten voor de grafrechten gelimiteerd; ze zijn bijvoorbeeld gelijkgesteld aan de kosten van een crematie. Wilt u per se een eigen graf, dan kunt u zich daarvoor bijverzekeren en dit laten vastleggen.
De laatste jaren stijgen de gemeentelijke kosten voor begraven in een eigen graf fors. Dat blijkt uit een jaarlijks onderzoek van Monuta en de Landelijke Organisatie Begraafplaatsen (LOB) onder meer dan 500 begraafplaatsen. De goedkoopste gemeentelijke begraafplaats ligt op Ameland (€462), de duurste in Naarden (€5910), Papendrecht (€5150,

Dure begrafenis

Mevrouw Jans heeft haar man laten begraven. Ze krijgt van de gemeente een fikse rekening, waaronder voor het wegnemen en herplaatsen van de grafsteen. Maar, zegt mevrouw Jans, de gemeente heeft dat helemaal niet gedaan, dat was een bedrijf en dat heeft ze daarvoor ook betaald. Haar bezwaar helpt niets en daarom schakelt ze de (nationale) ombudsman in. De gemeente laat weten dat er toezicht is gehouden op de werkzaamheden. Maar de ombudsman constateert dat de gemeente hetzelfde bedrag rekent voor het zelf uitvoeren van de werkzaamheden als voor het toezicht als een ander het doet. Dan had mevrouw Jans ook wel de gemeente kunnen inschakelen. De ombudsman stelt de gemeente voor een passende oplossing te zoeken. De gemeente verandert daarop de regels en gaat minder berekenen voor toezicht dan voor het zelf uitvoeren van de werkzaamheden. Mevrouw Jans krijgt geld terug.

wel 40 jaar) en Huizen (€5077). Het onderzoek van Monuta en de LOB gaat uit van de totale gemeentelijke kosten van begraven: het recht op een eigen graf voor een periode van 20 jaar voor één persoon, inclusief onderhoud van graf en grafmonument, de kosten van het begraven en overige kosten, zoals bijvoorbeeld de (monumenten)vergunning en inschrijving in het register.
U kunt om kosten te besparen eventueel uitwijken naar een andere gemeente. Ook kunt u soms terecht op een kerkelijke begraafplaats. Bij de laatstgenoemde zijn er wel beperkende voorwaarden, zoals actief lidmaatschap van de kerk of een minimum jaarlijkse kerkbijdrage.

3.8c De grafsteen

Zowel op een algemeen als op een eigen graf kan een grafsteen worden geplaatst. Het reglement van de begraafplaats stelt vaak eisen aan de omvang van zo'n steen. Zoals gezegd kunt u op een algemeen graf slechts een kleine steen plaatsten. De grafsteen op een eigen graf mag niet groter zijn dan de toegewezen oppervlakte van het graf. Het materiaal moet van een zodanige kwaliteit zijn dat het twintig tot dertig jaar meekan.
Nabestaanden hoeven niet direct een grafsteen te kiezen. Dikwijls nemen uitvaartondernemers de taak op zich om te bemiddelen bij de aanschaf van een grafsteen. Sommige uitvaartondernemers hebben namelijk een afspraak met een natuursteenbedrijf. De uitvaartondernemer geeft de adressen van de nabestaanden aan het bedrijf door of verwijst zijn klanten naar het betreffende bedrijf. Van elke verkochte steen ontvangt de uitvaartondernemer een provisie die flink kan oplopen. Die provisie is vaak een percentage van de verkoopprijs. De consument is zich hiervan meestal niet bewust. De uitvaartondernemer kan u natuurlijk wel adviseren. Hij kent de markt en weet wat de mogelijkheden zijn. Hij is in het bezit van documentatiemateriaal, heeft de contacten en kent de reglementen van de begraafplaatsen.
Neem echter rustig de tijd om een keuze te maken, want u bent absoluut niet verplicht deze dienst van de uitvaartondernemer af te nemen. U kunt zich bij een aantal natuursteenbedrijven of begraafplaatsen oriënteren over de mogelijkheden en zo nodig kunt u enkele offertes aanvragen, want de prijsverschillen tussen natuursteenbedrijven kunnen aanzienlijk zijn.
De kosten van een grafsteen worden niet gedekt door het basispakket van diensten dat een uitvaartondernemer of uitvaartverzekering aanbiedt. De kosten zijn afhankelijk van de steensoort – hardsteen, marmer of graniet – en van de grootte, en bijvoorbeeld van het feit of er wel of

geen rand aan de afdekplaat zit. Voor een naamsteen op een algemeen graf kunt u voor circa €100 klaar zijn; voor een eenvoudige grafsteen op een eigen graf moet u rekenen op zo'n €700. Wilt u een marmeren steen, dan bent u al snel €1000 tot €2000 kwijt.

Los hiervan bent u nog kosten verschuldigd aan de begraafplaats voor het plaatsen van de grafsteen.

U kunt ook kiezen voor iets anders dan een grafsteen. Er zijn 'grafkunstenaars' die grafmonumenten of herinneringstekens ontwerpen en maken in samenspraak met de nabestaanden. En dat kan in allerlei materialen, zoals steen, hout, metaal, kunststof of glas en zelfs keramiek. Denk bijvoorbeeld aan een bronzen gedenkbeeld of sculptuur op het graf, een grafbedekking van keramiek in heldere kleuren, een staand grafmonumentje van hout met glas enzovoort. Het komt ook voor dat afgietsels van de handen of van het gezicht van de overledene in of op het grafmonument worden verwerkt.

Kortom, er zijn veel mogelijkheden. Houd er wel rekening mee dat het een aantal maanden kan duren voordat een dergelijk monument gereed is. De kosten van zo'n grafmonument kunnen we niet aangeven, omdat die geheel afhankelijk zijn van uw keuze. De fiscus speelt ook nog een kleine rol. Het verlaagde BTW-tarief van 6% is van toepassing op kunstvoorwerpen als gedenkstenen, lijkwaden en sieraden.

Voor levering van kisten, urnen en kleding geldt gewoon het normale BTW-tarief van 19%.

Het grafmonument hoeft natuurlijk niet veel te kosten.

Ook door het aanbrengen van begroeiing, een lantaarntje, speelgoed van een kind of mooie zwerfkeien kunt u een persoonlijke gedenkplek inrichten.

Van belang is in ieder geval dat u rustig de tijd moet nemen om een grafsteen of grafmonument(je) te kiezen. En vergeet niet het reglement van de begraafplaats erop na te slaan, of te overleggen met de beheerder van de begraafplaats welke vrijheid u heeft om een 'afwijkend' herinneringsteken op het graf aan te brengen.

Let op!

Anders dan u misschien denkt, is een grafsteenverzekering bij de meeste verzekeraars niet bedoeld voor de aankoop en plaatsing van een grafsteen. Zo'n verzekering (ook wel bekend onder de naam gedenktekenverzekering) dekt de schade aan steen of teken, veroorzaakt door diefstal of vandalisme.

Daarnaast kunt u een onderhoudscontract afsluiten, om de steen of het teken schoon en intact te houden, zodat u er geen omkijken naar heeft.

3.9 Crematie

Ruim de helft van de Nederlanders kiest tegenwoordig voor cremeren. Een crematie of lijkverbranding vindt plaats in een crematorium. De kosten voor een crematorium liggen rond de €1000; daarbij is inbegrepen het gebruik van de muziekinstallatie, de aula en de koffiekamer. Die twee ruimten kunt u beide een half uur gebruiken. Als u ze beide langer wilt huren, zijn de kosten ongeveer €150 per half uur.
Voor een crematie op zaterdag geldt vaak een toeslag. Voorafgaand aan de crematie komt men in de regel bijeen in de aula van het crematorium, soms nog voorafgegaan door een kerkdienst. Deze samenkomst kan naar eigen wens worden ingevuld. De nabestaanden kunnen aangeven of ze de kist na afloop van de plechtigheid uit het zicht willen laten verdwijnen, of dat hij moet blijven staan totdat de aanwezigen zijn vertrokken. En lopen de aanwezigen na de samenkomst langs de kist en blijft de familie nog even achter om afzonderlijk afscheid te nemen?
Bij sommige crematoria is het mogelijk een laatste afscheid bij de ovens te nemen, of de invoer in de oven bij te wonen. Meestal is dat slechts mogelijk voor een klein aantal mensen omdat de ruimten niet op bezoekers zijn ingesteld.

3.9a Asbestemming

De as blijft verplicht een maand na de crematie in de algemene nis van het crematorium. Daarna moet een bestemming aan de as worden gegeven. De mogelijkheden hiervoor zijn legio. De kosten die hieraan verbonden zijn, betaalt u afzonderlijk.
De beheerder van een crematorium moet alle lijken die er zijn verbrand registreren, met vermelding van de bestemming die aan de as is gegeven en van de geplaatste asbussen.
Dit register is openbaar.

Bijzetting

De urn met as kan worden bijgezet in de algemene nis van het crematorium. De algemene nis is niet toegankelijk voor het publiek.
De urn kan ook worden bijgezet in een columbarium (urnengalerij) of urnentuin bij het crematorium, die wel publiekelijk toegankelijk is. Bijzetting van een urn gaat vaak per vijf jaar of een veelvoud daarvan. Een urn kan ook worden bijgezet in een familiegraf of in een nieuw graf. Het graf moet dan worden geopend en gesloten en daarvoor betaalt u dezelfde begraafrechten als bij een begrafenis. Ooit zal men moeten kiezen voor een definitieve bestemming.

Verstrooiing

De as kan ook worden verstrooid, bijvoorbeeld op het verstrooiingsveld bij het betreffende crematorium. Dat is vaak bij de prijs inbegrepen. De as kan ook per schip of per vliegtuig boven zee worden verstrooid. Er zijn zelfs bedrijven die zich hierin hebben gespecialiseerd. Zo kunt u bijvoorbeeld kiezen voor verstrooiing van as op binnenwateren of op zee, waarbij de nabestaanden aanwezig zijn. U vaart met het schip naar de plaats van keuze en daar vindt dan de verstrooiing plaats.
Soms gebeurt dat samen met bloemstukken of een krans. Bij een dergelijke verstrooiing wordt gebruikgemaakt van speciale verstrooiingsurnen, maar er bestaan zelfs urnen van zeezout die overboord worden gezet en die binnen enkele uren in het zeewater oplossen. Het is ook mogelijk dat de nabestaanden de as meenemen naar huis en daar een plekje geven of ze kunnen de as zelf verstrooien op een voor de overledene dierbare plaats. In het algemeen geldt dat de grondeigenaar toestemming moet geven voor de verstrooiing.

Sierurnen

Sierurnen zijn urnen waarin de asbus wordt geplaatst. Sierurnen zijn vaak vervaardigd van keramiek, maar ook urnen van metaal, hout, glas, natuursteen enzovoort, zijn mogelijk. De kosten zijn veelal afhankelijk van het gekozen materiaal. De goedkoopste urnen kosten tussen €45 en €90, maar er zijn ook urnen verkrijgbaar die meer dan €2000 kosten. Crematoria hebben verschillende sierurnen, maar u kunt ook een urn kopen in een uitvaartwinkel of er een speciaal laten maken door een grafkunstenaar.
Er zijn ook gedenkobjecten verkrijgbaar waarin de as van de overledene is verwerkt, bijvoorbeeld een medaillon of een glassculptuur.

3.10 Samenkomen na de uitvaart

Na de begrafenis- of crematieplechtigheid komen de aanwezigen bijeen. Dat kan in de aula van de begraafplaats gebeuren of in de koffiekamer annex condoleanceruimte van het crematorium. Maar u kunt ook kiezen voor een andere plaats, bijvoorbeeld in een café, restaurant of voetbalkantine.
De aanwezigen kunnen de direct nabestaanden condoleren. Daarbij wordt in het algemeen koffie geschonken, maar ook een drankje en een hapje of een gezamenlijke maaltijd is mogelijk.

3.11 Uitvaarten bij verschillende godsdiensten en levensovertuigingen

Als een godsdienst of een levensovertuiging een belangrijke rol in iemands leven speelde, komt dat vooral tot uiting bij een uitvaart. Vanuit de eigen opvatting over leven en dood zijn de plechtigheden rond overlijden en uitvaart in de verschillende godsdiensten vaak nauwkeurig vastgelegd.
In Nederland speelt het geloof in het leven van veel protestants-christelijken en katholieken een minder sterke rol dan vroeger. Toch wordt vaak bewust gekozen voor een religieuze plechtigheid bij een uitvaart, waarbij aan bestaande rituelen een eigen invulling wordt gegeven. Bij joden, moslims en hindoes is sprake van uitgebreide rituelen die volgens vaste voorschriften worden uitgevoerd.
Ook humanisten kiezen voor een eigen invulling van de uitvaart. Vanuit hun levensovertuiging benadrukken zij het belang van het aanvaarden van de dood.
In deze paragraaf gaan we in op de belangrijkste uitvaartrituelen van de genoemde godsdiensten en levensovertuigingen. Er zijn uitvaartondernemingen die gespecialiseerd zijn in uitvaarten volgens bepaalde godsdiensten.

3.11a Protestants-christelijken

Protestants-christelijken worden zowel begraven als gecremeerd; alleen in orthodox-protestantse kring bestaat weerstand tegen cremeren. In protestantse kerken ontbreken dwingende voorschriften voor een uitvaart. Voor de nabestaanden is er dan ook veel ruimte om in samenspraak met de dominee de afscheidsdienst zelf in te vullen. De dienst (van Woord en Gebed) is ter nagedachtenis aan de overledene, zijn leven staat centraal. Er worden bijbelteksten gelezen om aan te geven dat het menselijke leven eindig is, maar dat Christus' werk, ondanks het lijden, doorgaat. De nabestaanden kunnen door het lezen van een tekst, het zeggen van gebeden en het zingen van liederen zelf inhoud aan de dienst geven. Verder kan door het aansteken van een kaars, het openleggen van de bijbel op een bepaalde pagina of door gebaren met bloemen een nauwe betrokkenheid van de nabestaanden worden bereikt.
Bij het graf of in het crematorium zegt de voorganger een gebed waarmee hij de overledene aan de aarde toevertrouwt. Als de kist is gedaald, wordt het Onze Vader gebeden en wordt de zegen gegeven. De nabestaanden nemen in stilte afscheid. Emoties rond het overlijden worden

niet in rituelen uitgedrukt, maar meer in persoonlijke gesprekken. Vaak wordt na het condoleren thuis nog intensief doorgepraat. De dominee kan bij de rouwverwerking een belangrijke rol spelen door het voeren van gesprekken met de nabestaanden. In hoeverre dat daadwerkelijk gebeurt, hangt natuurlijk van de dominee af.

3.11b Katholieken

Katholieken worden tegenwoordig ook gecremeerd. Sinds de jaren '60 van de vorige eeuw heeft de katholieke kerk daar geen bezwaar meer tegen. In de katholieke kerk zijn de sacramenten belangrijk. Dat zijn rituele tekenen waarin de gelovige de nabijheid van God wil ervaren.
De priester of pastor speelt een belangrijke rol bij de voorbereiding van de eucharistieviering of de woord- en gebedsdienst die aan de begrafenis of crematie voorafgaat. Katholieken geloven dat de ziel van de overledene na de dood blijft voortbestaan in het hiernamaals. Traditioneel bestaat het beeld van hemel, hel en vagevuur. Waar de ziel na de dood terechtkomt, is afhankelijk van de mate waarin iemand tijdens zijn leven heeft gezondigd en daarvoor vergeving heeft gekregen. De uitvaartmis is daarom gericht op reiniging en rust van de ziel van de overledene. Met deze reiniging en het bidden voor het zielenheil onderscheidt het katholieke geloof zich van het protestantse. Protestanten gaan er namelijk van uit dat bij het overlijden het lot van de ziel al is bezegeld.
Teksten en liederen die ten gehore worden gebracht worden uitgezocht door de priester in overleg met de nabestaanden. Zij kunnen ook bepaalde onderdelen van de dienst voor hun rekening nemen. De uitvaartmis wordt beëindigd met de absoute, een ritueel waarbij de priester de kist met wijwater besprenkelt en bewierookt. Daarbij spreekt hij gebeden uit waarin om vergiffenis van de zonden wordt gevraagd.
Bij het graf bewierookt en zegent de priester het graf in stilte. Nadat de kist in het graf is gedaald, bidt hij het Onze Vader en strooit hij een schepje aarde op de kist met de woorden 'Gij bent stof en tot stof zult gij wederkeren'.
Nabestaanden en andere aanwezigen kunnen vervolgens eveneens een schepje aarde op de kist strooien, maar in plaats van aarde kan men ook bloemen strooien. In de regel wordt op de avond voor de uitvaart in de kerk of bijvoorbeeld in de aula van een verzorgingshuis een avondwake gehouden. Daarbij wordt de levensloop van de overledene gememoreerd en wordt voor hem en voor zijn nabestaanden gebeden. Er wordt om vergeving van zijn schuld gevraagd en er worden teksten gelezen en liederen gezongen.

Na de avondwake is er soms gelegenheid tot condoleren of tot het tekenen van een condoleanceregister, maar meestal wordt dit uitgesteld tot na de uitvaart.

3.11c Joden

De joden kennen in principe alleen de begrafenis. Omdat joden geloven in de lichamelijke wederopstanding is cremeren verboden. Een joodse begrafenis wordt volgens vaste regels door de nabestaanden en door leden van de joodse gemeenschap verzorgd. Na het overlijden wordt het lichaam van de overledene afgedekt en wordt bij het hoofd een licht ontstoken. Het licht symboliseert de aanwezigheid van de geest van de overledene; het blijft branden zolang het lichaam boven de grond staat. De nabestaanden krijgen het gezicht van de overledene niet meer te zien.
Het lichaam wordt ritueel gereinigd door leden van de joodse gemeenschap. De rituele reiniging is het symbool voor de reiniging van de zonden op de drempel van de eeuwigheid. De overledene wordt gekleed in een eenvoudig witkatoenen doodsgewaad of, als het een man betreft, in een gebedsmantel. Als het lichaam in de kist is gelegd, wordt wat aarde uit Israël over het lichaam uitgestrooid of in een zakje onder het hoofd gelegd, als teken van verbondenheid met het eigen land. De joden begraven hun overledenen bij voorkeur zonder kist, maar omdat dat in Nederland tot voor kort niet mogelijk was, werd een eenvoudig ruwhouten kist gebruikt, zonder handvatten en zonder bekleding.
Een begrafenis moet zo snel mogelijk na de door de Nederlandse wet verplichte 36 uur plaatsvinden. Het is de bedoeling dat aan de rouwstoet zo veel mogelijk mensen uit de gemeenschap deelnemen. De kist wordt meestal door nabestaanden en vrienden gedragen. In de aula van de begraafplaats leest de rabbijn een liturgische tekst voor en houdt hij of iemand uit de gemeenschap een herdenkingstoespraak. Vervolgens begeleiden de aanwezigen de kist naar het graf. Onderweg zeggen ze gedeelten van psalmen op en stoppen drie keer om te laten zien dat ze geen haast hebben. Nadat men de kist in het graf heeft laten zakken, scheppen de nabestaanden ieder drie keer zand op de kist. De andere aanwezigen doen hetzelfde.
Daarbij zeggen de nabestaanden de kaddisj, een lofzang op God. Daarna condoleren de aanwezigen de familie.
De nabestaanden verlaten tussen twee rijen vrienden het graf en maken een scheur in hun kleding als teken van rouw.
Bij het verlaten van de begraafplaats wassen de aanwezigen hun handen als symbool voor de overgang naar de tweede fase van rouw en de overgang naar het gewone leven.

3.11d Moslims

In Nederland wonen vooral moslims van Marokkaanse, Turkse, Surinaamse en Indische afkomst. Veel mensen willen het liefst in hun vaderland worden begraven, zodat ze verzekerd zijn van een begrafenis volgens islamitische voorschriften. Vanwege de vliegkosten is dat echter zeer kostbaar.

Tegenwoordig kan men ook in Nederland islamitisch worden begraven. En wanneer de directe familie van de overledene ook hier woont, wordt doorgaans gekozen voor een begrafenis in Nederland. Islamitische begraafplaatsen zijn vaak onderdeel van een algemene begraafplaats.

De koran schrijft vrij nauwkeurig voor hoe men moet handelen bij het overlijden. Zo mag het lichaam op geen enkele wijze beschadigd worden en is cremeren verboden.

Volgens de islam is het leven eenmalig en de stervenden kunnen door gebeden met zichzelf en met God in het reine komen en zielenrust vinden in het hiernamaals. Om de overgang naar het hiernamaals te bevorderen, willen moslims de overledene zo snel mogelijk begraven. De Nederlandse wet schrijft echter voor dat men na het overlijden minimaal 36 uur moet wachten tot men de overledene kan begraven.

Na het overlijden vindt een rituele wassing plaats door de nabestaanden. Mannen worden door mannen verzorgd en vrouwen door vrouwen. Na het wassen wordt het lichaam in grote witte doeken zonder versiering gewikkeld en bij voorkeur op een baar gelegd. Moslims worden namelijk zonder kist begraven. Het lichaam wordt naar de moskee gebracht en de imam, de moslimvoorganger, spreekt bij het opgebaarde lichaam een gebed uit. Daarna volgt de begrafenis.

Tijdens de begrafenis wordt de baar door de mannelijke familieleden gedragen. Volgens de traditie en uit eerbetoon voor de overledene moeten zo veel mogelijk mannen uit de moslimgemeenschap de baar op weg naar het graf een stukje dragen. In het graf wordt de overledene op zijn rechterzijde gelegd, met het gezicht richting Mekka.

Vervolgens werpen de nabestaanden aarde in het graf, onder het uitspreken van een gebed over de hereniging met de aarde waaruit de dode zal opstaan. Daarna vullen de andere aanwezigen het graf. Van de overblijvende aarde worden twee bulten of een heuveltje gemaakt. Na de begrafenis wassen alle aanwezigen hun handen.

Meestal worden op het graf wel enkele stenen geplaatst om de plaats aan te duiden, maar verder wordt het graf niet versierd.

Bij moslims is het de gewoonte dat slechts één overledene in het graf wordt begraven en dat het graf niet wordt geruimd.

In orthodoxe kringen zijn geen vrouwen aanwezig bij de begrafenis.

3.11e Hindoes

Het hindoeïsme kent verschillende stromingen met afzonderlijke rituelen. Die verschillende overtuigingen hebben met elkaar gemeen dat men ervan uitgaat dat de mens reïncarnaties of wedergeboorten doormaakt voordat hij met de oerenergie of oerkracht herenigd kan worden. Na de dood verlaat de ziel het lichaam om een ander stoffelijk omhulsel te vinden. De meeste hindoes worden gecremeerd omdat dit de snelste manier is om de terugkeer van het lichaam naar de bron te laten plaatsvinden.

Een belangrijk onderdeel van de uitvaart is de rituele wassing in aanwezigheid van en/of uitgevoerd door familieleden.

Dat gebeurt meestal in een rouwcentrum. Een man wordt in een speciale doek gewikkeld of – zoals tegenwoordig vaker het geval is – gekleed in een pak; een vrouw krijgt een sari aan.

Intussen bidt de priester met de nabestaanden en andere aanwezigen een gebed in de ontvangstkamer van het rouwcentrum.

Tevens wordt een zogeheten dia aangestoken en wordt water in een koperen bokaal geschonken ten behoeve van de zielenrust van de overledene. Dit laatste gebeurt ook in het huis van de overledene.

Op de dag van de crematie wordt een plechtigheid georganiseerd waarbij de priester een soort balletjes van meel en suiker maakt. Eten symboliseert voor hindoes het leven en is een manifestatie van het goddelijke: zonder eten kan de overledene niet hebben bestaan. De balletjes worden in de kist gelegd en de nabestaanden leggen daar bloemen, geurige stoffen en rijstkorrels bij terwijl ze zingen en bidden.

Bij het crematorium dragen familieleden, met de zoon of zonen voorop, de kist naar binnen. Volgens gebruik wordt onderweg vijfmaal gestopt.

In het crematorium wordt de kist geopend en versierd met kransen. Na het zingen van liederen houdt de priester een preek. De oudste zoon loopt vervolgens met een brandende dia vijfmaal rond de kist en raakt telkens de mond van de overledene aan. Dit is de zogenoemde doodskus waarmee het lichaam symbolisch in brand wordt gezet. Na het gezamenlijk uitspreken van gebeden nemen de aanwezigen afscheid van de overledene. Ook zij kunnen rijstkorrels of bloemblaadjes in de kist leggen.

Omdat het belangrijk is dat de familie het lichaam van de overledene ziet branden, gaan in sommige crematoria enkele nabestaanden mee naar de ovenruimte om de verbranding mee te maken. De oudste zoon kan dan de kist in de oven duwen en de verbranding in gang zetten.

De as van de overledene wordt meestal verstrooid bij het crematorium.

3.11f Humanisten

Mensen met een humanistische levensovertuiging gaan ervan uit dat de mens zelf inhoud kan geven aan zijn leven. Zij geloven in het algemeen niet in een voortbestaan na de dood. De dood is een onveranderlijk gegeven dat je onder ogen moet zien en waarmee je moet leren leven.
Bij de uitvaart, naar keuze een begrafenis of crematie, staan de overledene en ook zijn nabestaanden centraal. De overledene wordt herdacht en de nabestaanden moeten het verlies verwerken. Er zijn geen vaste uitvaartrituelen; het is juist de bedoeling dat de invulling van de uitvaart een persoonlijke en bewuste keuze is.
Voor de uitvaart kan men een beroep doen op uitvaartbegeleiders van het Humanistisch Verbond (zie Adressen). Op verzoek van de nabestaanden kan de uitvaartbegeleider een toespraak houden tijdens een afscheidsbijeenkomst, maar hij kan ook behulpzaam zijn bij het vormgeven van de uitvaart.

3.12 Nieuwe ontwikkelingen

3.12a Eindbestemming stoffelijk overschot

De Wet op de lijkbezorging kent vier eindbestemmingen voor een stoffelijk overschot: begraven, cremeren, terbeschikkingstelling aan de wetenschap en een zeemansgraf.
Wie weet, zal de wet in de toekomst aangepast moeten worden aan de nieuwste ontwikkelingen.
Zo wordt er onderzoek verricht naar *lyofilisatie*. Bij deze techniek wordt het lichaam bevroren, waarna het door kleine trillingen in een organische substantie uiteenvalt. Na verwijdering van lichaamsvreemde stoffen zoals kwik en kunstheupen, kan het restant worden begraven of gecremeerd. Vergeleken met 'direct' begraven heeft lyofilisatie als voordeel dat er geen schadelijke stoffen in de bodem komen. En bij crematie zijn geen filters nodig die na afloop vervuild in de afvalstroom terechtkomen.
Een andere nieuwe mogelijkheid is *alkalische hydrolyse*. Hierbij worden chemische verbindingen in het lichaam onder invloed van alkali (natronloog) en water verbroken, waardoor een stoffelijk overschot tot 3% van zijn oorspronkelijke gewicht wordt gereduceerd. Wat rest, is een hoopje minerale as en vloeistof. Het proces zou goedkoper zijn dan crematie en is bovendien schoon en milieuvriendelijk. De as gaat in een urn. Alkalische hydrolyse wordt in Amerika al toegepast voor onder meer de vernietiging van geïnfecteerde dieren.

In de voorgestelde nieuwe Wet op de lijkbezorging (begin 2008 nog niet in werking getreden) wordt *thanatopraxie* beperkt toegestaan. Dat is een vorm van balseming waarbij het lichaam tijdelijk wordt geconserveerd en er daardoor beter uitziet. Dit is bijvoorbeeld van belang als nabestaanden uit het buitenland moeten komen.
Tot slot is er het bovengronds begraven of bijzetten. In Zuid-Europa is het heel gebruikelijk dat de overledene in grafhuisjes bovengronds terechtkomen. Ook in ons land komt het voor, maar slechts mondjesmaat. Een aantal Nederlandse ondernemingen is nieuwe vormen aan het ontwikkelen, zoals de *Palenque* (een piramidevormige graftempel, geïnspireerd door de gelijknamige voormalige Mayastad in Mexico) en de grafheuvel.

3.12b Online

Nieuwe online ontwikkelingen met betrekking tot een overlijden zijn er volop. Het op afstand meemaken van een begrafenis of crematie via een webcam of bloemen leggen, virtuele herdenkingsplaatsen en bewaarde levensverhalen zijn hier voorbeelden van. Zie bijvoorbeeld www.testamonium.nl, www.watikjenogwildevertellen.nl, www.grafbezoek.nl en www.digizerk.eu.

3.13 Meer informatie

In dit hoofdstuk heeft u veel informatie gekregen over allerlei mogelijkheden om de uitvaart naar eigen inzicht in te vullen. Achter in dit boek vindt u adressen van organisaties en bedrijven die u daarbij behulpzaam kunnen zijn, bijvoorbeeld van een aantal uitvaartwinkels. We noemen daar ook enkele internetsites waar u informatie over uitvaarten kunt vinden. Deze sites bevatten vaak talloze verwijzingen naar andere specifieke bedrijven.

Btw

Voor diensten door exploitanten van begraafplaatsen en crematoria, waaronder ook de vestiging van een grafrecht, hoeft geen btw te worden betaald. Voor diensten van lijkbezorgers, zoals opbaring van het lichaam, verzorging van de uitvaart, het dragen van de kist, de teraardebestelling of crematie geldt ook een btw-vrijstelling. Recent heeft de staatssecretaris van Financiën aangegeven dat ook voor *leveringen* door lijkbezorgers, die in rechtstreeks verband staan met genoemde diensten (zoals levering van rouwkaarten (maar niet: een grafmonument), geen btw verschuldigd is.

Uitvaartadviezen van nabestaanden

In een door de Consumentenbond in 2002 gehouden enquête over ervaringen met uitvaart(ondernemingen) heeft een groot deel van de ondervraagde nabestaanden tips gegeven voor andere mensen die een
uitvaart moeten organiseren. Een aantal van die tips geven we graag aan u door:

- Doe je voordeel met de ervaringen van anderen: durf ernaar te vragen.
- Neem een uitvaartverzorger in de arm, waar je zelf of vrienden/bekenden goede ervaringen mee hebben. Een slecht verzorgde uitvaart maakt een afscheid des te pijnlijker.
- Zorg dat je weet wat je wilt, er zijn zo veel mogelijkheden. Het kan van het grootste belang zijn om kleine dingen zelf te doen, je kunt het nooit meer overdoen. Zeg wat je wilt, ook als het raar lijkt in de ogen van anderen.
- Laat je niet ompraten doordat ze zeggen: dat kan niet. Blijf bij je standpunt (in het redelijke natuurlijk) en vraag waarom iets niet kan.
- Als het mogelijk is: baar de overledene thuis op. Het helpt bij de rouwverwerking en je krijgt er rust door. Probeer ook zoveel mogelijk alles zelf te regelen, daar heb je later een goed gevoel over, want dit is het laatste wat je voor je dierbare kunt doen.
- Maak duidelijke afspraken over (extra) kosten en verlang een heldere factuur. Vraag vooraf een kostenopgave.
- Check of de overledene een overlijdensverzekering heeft afgesloten.
- Maak direct afspraken met het mortuarium over hoe met sieraden wordt omgegaan.
- Vraag na of er een mogelijkheid is om 24 uur per dag afscheid te nemen.

Ook zijn er adviezen gegeven over de eigen uitvaart:

- Het is een moeilijk gespreksonderwerp, maar praat er eens over, zodat je precies weet wat iemand wel en niet wil. Wij hebben dat gedaan en dat geeft een goed gevoel.
- Laat iedereen eens over zijn eigen uitvaart nadenken en dat ergens opschrijven.
- Zorg dat je tenminste altijd een goed bijgewerkte adressenlijst hebt.

4 Juridische afwikkeling van de nalatenschap

Iemand die is overleden, laat bezittingen na. Persoonlijke spullen, huisraad, een auto, misschien een eigen woning, bank- en girotegoeden, spaar- en beleggingstegoeden, wellicht een uitkering van een levensverzekering; dat alles behoort tot de nalatenschap. Maar ook schulden kunnen er deel van uitmaken. Na de uitvaart moet een begin worden gemaakt met de afwikkeling van die nalatenschap.

Wie zijn de erfgenamen en wie krijgt welk deel van de erfenis? Kunt u de erfenis zelf verdelen of heeft u een notaris nodig? En wat is nu eigenlijk een verklaring van erfrecht? Is het nodig een testament op te laten stellen, en wat kunt u daarin regelen? In dit hoofdstuk beschrijven we de afwikkeling van een nalatenschap stap voor stap.
Op 1 januari 2003 is het huidige erfrecht van kracht geworden. Op een aantal punten zijn er verschillen tussen het oude en huidige erfrecht. De belangrijkste kenmerken nemen we door.
Daarnaast kan er over de erfenis successierecht moeten worden betaald, dat is een belasting over erfenissen. Daarvoor moet een aangifteformulier worden ingevuld. Ook moeten de andere belastingzaken van de overledene worden afgewikkeld. Hierover leest u uitgebreid in hoofdstuk 5 en verder.

4.1 Wie zijn de erfgenamen?

De wet bepaalt wie de erfgenamen zijn. Deze wettelijke regels gelden altijd, tenzij de erflater – dat is degene die overleden is – in een testament een andere regeling heeft getroffen.
Het uitgangspunt van de wet is dat slechts bloedverwanten erfgenaam kunnen zijn. Dat zijn (klein)kinderen, (groot)ouders, broers, zusters, nichten, neven enzovoort. De enige, maar belangrijke uitzonderingen op deze regel zijn echtgenoten en geregistreerde partners. Zij erven ook op grond van de wet. Voor een hetero- of homoseksueel paar dat zich officieel als partners heeft laten registreren, gelden op het gebied van het

erfrecht dezelfde rechten als voor huwelijkspartners. Dus als we het in het vervolg over de echtgenoot hebben, bedoelen we tevens de geregistreerde partner. Overigens: een ex-echtgenoot is géén erfgenaam.
De wet onderscheidt vier groepen van erfgenamen, waarvoor een bepaalde rangorde geldt. De familie die het dichtst bij de erflater staat, erft. Eerst wordt gekeken in groep één; pas als er niemand uit groep één in leven is, bestaat de mogelijkheid dat iemand uit groep twee erfgenaam is. Als ook in die groep niemand in leven is, komt de derde groep aan bod, en uiteindelijk de vierde. Als er geen erfgenamen zijn, gaat de nalatenschap naar de staat.

Voorbeeld

Een man overlijdt en laat zijn echtgenote en drie kinderen achter. Deze man heeft vier erfgenamen: ieder erft voor een kwart.

4.2 Erfgenamen in groep 1: echtgenoot en kinderen

In het huidige erfrecht behoren de echtgenoot, de geregistreerde partner en de kinderen (net als onder het oude erfrecht) tot de eerste groep erfgenamen. Ieder heeft op zich recht op een gelijk deel van de nalatenschap. Het grote verschil met het oude erfrecht is dat de gehele nalatenschap meteen in eigendom overgaat op de langstlevende echtgenoot (voorheen deelden ook de kinderen mee). De kinderen krijgen louter een geldvordering op de echtgenoot ter grootte van hun erfdeel. Deze vordering wordt in beginsel pas opeisbaar bij het overlijden van de langstlevende. Dit systeem heet de wettelijke verdeling.
Er is gekozen voor een wettelijke constructie die vergelijkbaar is met een onder het oude recht (vóór 2003) opgesteld testament met ouderlijke boedelverdeling (zie het kader 'Oude erfrecht (vóór 2003) en testamentvormen' op pagina 62). Dat leidt ertoe dat de erfenis bij overlijden al is verdeeld tussen de langstlevende echtgenoot en de kinderen van de overledene.
Meestal zijn dit kinderen die geboren zijn uit het huwelijk van de beide echtgenoten, maar het is ook mogelijk dat de langstlevende echtgenoot kinderen heeft uit een eerdere relatie; deze stiefkinderen erven niet van de overledene, tenzij daarvoor bij testament voorzieningen zijn getroffen.
Zo kunnen stiefkinderen onder het huidige erfrecht via een testament ook in de (wettelijk geregelde) verdeling worden betrokken. Wanneer dat is gebeurd, krijgen de stiefkinderen ook een vordering op de langstlevende ter grootte van hun erfdeel en hebben zij dezelfde rechten als

de eigen kinderen van de overledene (behoudens de hierna nog te bespreken wilsrechten).
De erfgena(a)m(en) erven niet alleen de bezittingen, maar ook de schulden. Omdat alle goederen naar de langstlevende gaan, zou het oneerlijk zijn als de kinderen wel aansprakelijk voor de schulden zouden zijn. De wet bepaalt daarom dat de langstlevende de schulden uit de nalatenschap moet voldoen.
Met deze wettelijke verdeling gaat de langstlevende er alleen op papier op achteruit ten opzichte van de situatie vóór het overlijden. In de praktijk verandert er niets, al is eventueel wel successiebelasting over de erfdelen van de kinderen verschuldigd.
De geldvorderingen van de kinderen zijn rentedragend, maar die rente is erg laag. De wet bepaalt dat het rentepercentage gelijk is aan de wettelijke rente minus 6%. Sinds januari 2007 is de wettelijke rente 6% en dat betekent dat de langstlevende 0% rente verschuldigd is. Als de langstlevende echtgenoot veel jonger dan de erflater is, zullen de kinderen lang op hun erfdeel moeten wachten en kan de vordering aardig in koopkracht dalen. In een testament kan wel een ander percentage worden bepaald. Ook kan de langstlevende te allen tijde beslissen de vordering aan de kinderen eerder te betalen.
Wanneer de langstlevende de wettelijke verdeling niet wenst, kan hij deze ongedaan maken. Dat moet binnen drie maanden na het overlijden van de echtgenoot in een notariële verklaring worden vastgelegd. Een en ander heeft verstrekkende gevolgen: de goederen moeten dan wél onder de erfgenamen worden verdeeld, zoals dat onder het oude erfrecht ook gebeurde. Daarom rust op de notaris ook de plicht te onderzoeken of de langstlevende dit werkelijk wenst en niet is gezwicht onder de druk van de kinderen. Verder moet de verklaring binnen drie maanden na het overlijden worden ingeschreven in het boedelregister bij de rechtbank.

Voorbeeld

Een man en vrouw zijn in gemeenschap van goederen getrouwd. Zij bezitten een huis ter waarde van €300.000 en hebben daarop een hypotheek van €120.000.
De man komt te overlijden. De waarde van de gezamenlijke bezittingen minus schulden bedraagt €180.000, waarvan de man en vrouw ieder recht hebben op de helft. De nalatenschap van de man is dus €90.000. Het echtpaar heeft twee kinderen. De vrouw en de kinderen erven ieder €30.000. Door het nieuwe erfrecht krijgt de vrouw het huis met de hypotheek in eigendom en krijgen de kinderen alleen een vordering op hun moeder (van elk €30.000) die ze pas kunnen opeisen bij haar overlijden.

Oude erfrecht (vóór 2003) en testamentvormen

Het oude wettelijke erfrecht, waarbij de echtgenoot samen met de kinderen erfde, kon vervelende consequenties hebben. De overblijvende echtgenoot kon door de kinderen gedwongen worden goederen te verkopen teneinde de kinderen hun erfdeel te kunnen uitkeren. De ouderlijke woning moest dan bijvoorbeeld worden verkocht omdat de langstlevende echtgenoot onvoldoende contanten had om de erfdelen aan de kinderen uit te betalen. Om dat soort ongewenste situaties te voorkomen, maakten veel echtparen een langstlevendetestament op: een testament om de langstlevende partner verzorgd achter te laten. Het meest voorkomende langstlevendetestament is het testament met de ouderlijke boedelverdeling. Over en weer bepalen de echtgenoten dat – als zij eerder overlijden dan de ander – de nalatenschap aan de langstlevende wordt toebedeeld, terwijl de kinderen een geldvordering krijgen ter grootte van hun erfdeel. Die vordering is in beginsel niet opeisbaar gedurende het leven van de langstlevende. Eventueel kan wel worden bepaald dat de vordering opeisbaar is in een aantal in het testament genoemde gevallen, bijvoorbeeld bij faillissement, hertrouwen of opname in een verzorgingshuis. De kinderen zullen moeten wachten op de uitkering van hun erfdeel en hebben geen recht om mee te beslissen over wat de langstlevende met zijn of haar eigendommen doet. Als zij na het overlijden van de langstlevende ontdekken dat hun geldvordering niets meer waard is, is dat pech.

In de regel werd in het testament ook vastgelegd dat de langstlevende een enkelvoudige rente (dat wil zeggen alleen over de vordering, en niet rente op rente) verschuldigd was. Deze rente was dan samen met de vordering opeisbaar bij het overlijden van de langstlevende. Ook waren de kinderen successierechten verschuldigd over hun erfdeel, zoals ook de langstlevende die moest betalen over wat hij verkregen had. Verder werd bepaald dat de langstlevende alle successierechten en taxatie- en boedelkosten betaalde. Deze werden afgetrokken van de vordering die de kinderen op de langstlevende hadden. De kinderen hoefden de kosten dus niet direct en ook niet uit eigen vermogen te betalen.

Sinds 1 januari 1998 kunnen ook geregistreerde partners een testament met een ouderlijke boedelverdeling maken.

Een testament met een ouderlijke boedelverdeling is niet altijd wenselijk. Te denken valt aan de situatie waarin specifieke bezittingen, zoals een onderneming van de erflater, beter aan een of meer kinderen in eigendom kunnen komen dan aan de echtgenoot, bijvoorbeeld als de onderneming niet door de langstlevende wordt voortgezet, maar wel door een of meer kinderen.

En als een man hertrouwt met een vrouw die bijvoorbeeld even oud is als zijn kinderen, wil hij ook vaak dat zijn bezittingen uiteindelijk bij zijn kinderen terechtkomen of dat ze meteen worden verdeeld. De niet-opeisbaarheid van de vorderingen

zou anders tot gevolg kunnen hebben dat zijn eigen kinderen misschien nooit iets van zijn nalatenschap zullen krijgen. In dat soort gevallen wordt ook wel het vruchtgebruiktestament opgesteld. De essentie daarvan is dat de langstlevende het vruchtgebruik van de erfdelen van de kinderen krijgt. De kinderen zijn de hoofdgerechtigden, maar de langstlevende plukt er de vruchten van. Hij kan gebruikmaken van het huis en de inboedel en in de auto blijven rijden.
Het is zelfs mogelijk aan de vruchtgebruiker het recht toe te kennen als eigenaar over de onder het vruchtgebruik vallende zaken te beschikken (verkopen en verhuren) en ook het recht om op die zaken in te teren.

4.2a Wilsrechten

In het huidige erfrecht is de positie van de kinderen zwakker geworden dan voorheen. En als een overgebleven ouder opnieuw trouwt, wordt hun positie zelfs zeer zwak. Hertrouwt een overgebleven ouder (bijvoorbeeld de moeder), en komt zij vervolgens te overlijden, dan gaat de volle nalatenschap van de moeder (inclusief de nagelaten goederen van hun eerder overleden vader) opnieuw naar de langstlevende echtgenoot (de stiefouder).
Daarbij komt dat de kinderen niet zonder meer erfgenaam van die stiefouder zijn, die bovendien nog eigen kinderen kan hebben. De kinderen kunnen in zo'n geval wel hun geld uit de nalatenschap van vader opeisen, maar moeten voor de uitkering van de erfenis van moeder in beginsel wachten tot de stiefouder overlijdt. Bovendien bestaat de kans dat er dan niets meer is. Verder is het mogelijk dat goederen met een gevoelswaarde voor de kinderen in de stieffamilie blijven.
Om dit potentiële leed te verzachten, zijn in het huidige erfrecht de wilsrechten geïntroduceerd. In bepaalde gevallen krijgen de kinderen de mogelijkheid goederen tot ten hoogste de waarde van hun geldvordering in eigendom te krijgen. Daarbij houdt de langstlevende ouder wel het vruchtgebruik van de spullen, maar de kinderen krijgen het blote eigendom. Zo kan een kast of klok met speciale gevoelswaarde toch in de familie blijven.
De wilsrechten kunnen in een tweetal situaties van pas komen. In de eerste plaats als een weduwe of weduwnaar hertrouwt. Ieder van de kinderen kan dan verlangen dat goederen aan hem in eigendom worden overgedragen, ter waarde van de geldvordering. De langstlevende ouder behoudt gewoon het vruchtgebruik. Het opeisen van dit blote

eigendom heeft als voordeel dat de erfenis van hun ouder niet door de achtergebleven ouder met de nieuwe echtgenoot kan worden verbrast. De kinderen krijgen hun erfenis echter pas in handen (vrij van vruchtgebruik) als ook de langstlevende ouder is overleden.
In de tweede plaats kunnen wilsrechten hun nut bewijzen als een alleenstaande ouder (nooit gehuwd geweest of gescheiden) trouwt. Als de ouder dan eerder komt te overlijden dan de partner, kan ieder van de kinderen verlangen dat bepaalde goederen aan hem in eigendom worden overgedragen, ter waarde van de geldvordering. De stiefouder behoudt ook dan het vruchtgebruik. Als ook de stiefouder overlijdt, krijgen de kinderen de volle eigendom. Op die manier wordt voorkomen dat de erfenis van hun echte vader of moeder naar de familie van de stiefouder gaat.
Als kinderen zich niet (tijdig) op hun wilsrechten beroepen (dit is namelijk niet verplicht), kan de consequentie zijn dat ze uiteindelijk met lege handen komen te staan.
Met het huidige erfrecht hoeven de meeste mensen met echtgenoot en kinderen niet meer naar de notaris, mits ze tevreden zijn met de regels van het huidige erfrecht. Dit moet nog wel als u van de wettelijke regeling in een testament wilt afwijken. U kunt er bijvoorbeeld voor kiezen de wilsrechten uit te breiden en de kinderen niet alleen de mogelijkheid geven hun vordering op te eisen bij het hertrouwen van de langstlevende ouder, maar ook in geval van bijvoorbeeld samenwonen of opname in een verzorgingshuis of verpleeghuis.
In een testament kunnen de wilsrechten ook worden uitgesloten of beperkt. Verder kan men in een testament eventuele stiefkinderen in de verdeling betrekken en het rentepercentage van de vordering wijzigen.

4.2b Echtgenoot onterven

Echtgenoten, en ook geregistreerde partners, zullen elkaar niet snel onterven. Het kan echter wel, ook volgens het huidige erfrecht. Maar de zorgplicht voor de langstlevende – de basis van het huidige erfrecht – heeft wel geleid tot een aantal extra rechten voor de langstlevende echtgenoot. Deze rechten heeft de echtgenoot altijd, ongeacht wat er bij testament mocht zijn bepaald.
De belangrijkste zijn dat de echtgenoot het recht heeft gedurende zes maanden na overlijden de woning en de inboedel te blijven gebruiken. Voorwaarde is wel dat de langstlevende de woning ten tijde van het overlijden bewoont en dat de woning tot de nalatenschap behoort.
Daarnaast kan de langstlevende aanspraak maken op het vruchtgebruik van de woning en de inboedel als dat nodig is voor zijn verzorging. Het verzoek daartoe moet binnen zes maanden na overlijden van de erfla-

ter worden ingediend bij de erfgenamen (kan mondeling, maar uiteraard is het om bewijstechnische redenen beter het schriftelijk te doen). In de tussentijd kunnen de erfgenamen het huis, de inboedel, de auto, enzovoort niet verkopen.
Na de vestiging van het vruchtgebruik op de woning en de inboedel kan de kantonrechter op verzoek van een hoofdgerechtigde het vruchtgebruik beëindigen voor zover de echtgenoot voor zijn verzorging daaraan geen behoefte heeft.

Tip

Meer informatie over het erfrecht vindt u in onze uitgave *Slim nalaten en schenken*.

4.2c U had al vóór 2003 een testament gemaakt

In het huidige erfrecht is de positie van de langstlevende ouder dus verstevigd. Als u al vóór 2003 een langstlevendetestament had laten opstellen, blijft dat voor u gewoon gelden. De nieuwe wettelijke regels per 2003 gelden voor diegenen die geen testament hebben.

4.2d De legitieme portie

Hoewel de positie van de langstlevende echtgenoot in het huidige erfrecht dus is verstevigd, is een andere principiële zaak onaangetast gebleven, namelijk de legitieme portie. Dat is het recht van kinderen op een bepaald minimumerfdeel. Er is hierin wel iets veranderd. Zo is de hoogte van de legitieme portie wat ingekort. Alle kinderen hebben sinds 2003 recht op een legitieme portie ter grootte van de helft van hun wettelijke erfdeel.
Verder is de legitieme portie na invoering van het huidige erfrecht in beginsel niet meer meteen na overlijden opeisbaar, maar pas bij het overlijden van de langstlevende ouder. Ook hebben de kinderen geen recht meer op een deel van de nalatenschap, dus op het ontvangen van goederen uit de boedel. Ze kunnen alleen nog maar aanspraak maken op geld.

4.2e Plaatsvervulling/(achter)kleinkinderen

Kinderen kunnen in de plaats van hun ouder erven als die ouder is overleden. Dit heet plaatsvervulling. Onder het huidige erfrecht is dat mogelijk gebleven en kan dat zelfs in meer gevallen. Ook als de ouder niet is overleden, maar om een andere reden niet als erfgenaam optreedt, bijvoorbeeld als hij de erfenis verwerpt, kunnen de kinderen in de plaats van hun ouder treden.

4.2f Sommen ineens

Kinderen moeten onder het huidige erfrecht in beginsel op uitkering van hun erfdeel wachten tot ook de langstlevende ouder is overleden. Onder bepaalde voorwaarden hebben kinderen wel recht op een som ineens na het overlijden van een ouder. Het gaat dan om een geldbedrag dat bedoeld is voor de verzorging en opvoeding van het kind tot zijn 18^{e} verjaardag, dan wel voor het levensonderhoud en de studie van het kind totdat het 21 jaar wordt.

Het kind heeft echter alleen recht op zo'n som ineens als de echtgenoot van de erflater of een andere erfgenaam niet verplicht is te voorzien in de kosten van de opvoeding.

Ook moet de erflater op het moment van overlijden een afdwingbare onderhoudsplicht ten opzichte van het kind hebben gehad.

In een normale gezinssituatie heeft een kind dus geen recht op een som ineens omdat de overblijvende ouder geacht wordt in de kosten van het kind te voorzien. Maar deze regel kan bijvoorbeeld van belang zijn als een kind door zijn ouders is onterfd.

Het kind moet uiterlijk binnen negen maanden na het overlijden verklaard hebben dat het de som ineens wil ontvangen. Het bedrag is pas opeisbaar als er zes maanden na het overlijden van de erflater zijn verstreken.

Voorbeeld

Een man laat een vrouw en drie kinderen na. De nalatenschap bedraagt €200.000. Volgens de wet is ieders erfdeel €50.000. Als de man een kind heeft onterfd, heeft dit kind toch recht op een legitieme portie ter grootte van de helft van zijn erfdeel, dat wil zeggen €25.000. (Onder het oude recht van vóór 2003 was de legitieme portie in dit geval €37.500).

Voorbeeld

Een weduwe heeft drie kinderen. Een van haar kinderen is al eerder overleden, met achterlating van twee (klein)kinderen. De kleinkinderen komen nu in de plaats van hun overleden ouder. De twee in leven zijnde kinderen krijgen ieder 1/3 gedeelte, terwijl de twee kleinkinderen samen het gedeelte krijgen dat oorspronkelijk voor hun ouder bestemd was (ieder 1/6 deel).

4.2g Kind en bedrijf

Na een overlijden gebeurt het regelmatig dat een bedrijf wordt voortgezet door een kind of door de echtgenoot van een kind. Het zou dan onbillijk zijn als hij niet zou kunnen beschikken over goederen van de erflater die nodig zijn voor het functioneren van het bedrijf. De langstlevende ontvangt immers de nalatenschap. Daarom is in het nieuwe erfrecht de mogelijkheid opgenomen dat het kind die goederen tegen een redelijke prijs overneemt. Het kind of stiefkind heeft een soortgelijke aanspraak met betrekking tot de aandelen in een nv of bv als de erflater van die nv of bv de bestuurder was en daarin een meerderheid van de aandelen bezat. Uiteraard gelden hiervoor strikte voorwaarden en moet het kind een zwaarwegend belang hebben om die goederen te kunnen overnemen. Het verzoek tot overname moet binnen een jaar na het overlijden van de erflater zijn gedaan.

4.3 Groep één: welke kinderen?

We komen nog even terug op groep één, en wel op kinderen. Kinderen zijn er in allerlei 'soorten'. Hoe zit dat? Kinderen zijn erfgenaam van hun ouders. Er wordt geen verschil gemaakt tussen kinderen uit het huidige huwelijk of die uit een eerder huwelijk van de erflater. De bloedverwantschap maakt een kind volwaardig erfgenaam van zijn vader of moeder. Dat laatste betekent trouwens ook dat er geen verschil wordt gemaakt tussen kinderen die geboren zijn uit een huwelijk, en kinderen die niet uit een huwelijk zijn geboren, maar wel een familierechtelijke betrekking met de ouders hebben.

Zo'n familierechtelijke betrekking is er met de biologische moeder altijd; bij de vader in principe alleen als hij het kind erkend heeft (zie over de mogelijkheid van gerechtelijke vaststelling van het vaderschap, ook nog na het overlijden van de biologische vader, aan het eind van deze paragraaf). Erkenning is ook noodzakelijk als de ouders een geregistreerd partnerschap met elkaar hebben. Het kind erkennen kan bij de aangifte van de geboorte, via een afzonderlijke akte van erkenning opgemaakt bij de burgerlijke stand, of via een notariële akte. De zo ontstane familierechtelijke betrekking tussen vader en kind heeft tot gevolg dat het kind ook erfgenaam wordt van de vader. Als de vader het kind niet erkent, ontstaat geen familierechtelijke betrekking en is het kind geen erfgenaam van de vader. De vader heeft overigens wel een onderhoudsplicht tegenover het minderjarige kind.

Gaat een ongehuwde moeder van een niet-erkend kind trouwen of samenwonen met een andere man dan de verwekker, dan kan die man het kind alsnog erkennen. Hoewel hij niet de biologische vader is, ontstaat dan een familierechtelijke betrekking tussen stiefvader en kind. Als de ongehuwde moeder van een niet-erkend kind gaat trouwen of samenwonen met een vriendin, kan die het kind niet erkennen.

Wel is het mogelijk dat de vriendin het kind adopteert. Geadopteerde kinderen worden volledig gelijkgesteld met eigen kinderen; stief- en pleegkinderen niet. Een stiefkind is een eigen kind van de vader of de

moeder en erft wel van de eigen ouder, maar niet van degene met wie de vader of moeder opnieuw is getrouwd. In het nieuwe erfrecht kunnen stiefkinderen wel dezelfde positie krijgen als de eigen kinderen, maar dan moet de stiefouder dit in een testament regelen. Pleegkinderen maken geen aanspraak op de nalatenschap van hun opvoeders; als zij nog eigen ouders hebben, zijn zij van die ouders gewoon erfgenaam.
Een bijzondere bepaling is dat als een vrouw bij het overlijden van haar echtgenoot zwanger is, het ongeboren kind ook erfgenaam wordt; de wet beschouwt het als reeds geboren.
Tot slot noemen wij hier nog de mogelijkheid van gerechtelijke vaststelling van het vaderschap. Als een kind geen juridische vader heeft omdat nooit erkenning door een man heeft plaatsgevonden, bestaat de mogelijkheid dat het kind zelf het vaderschap van de biologische vader door de rechter doet vaststellen (als het kind minderjarig is kan de moeder voor hem optreden). Deze vaststelling kan ook nog na het overlijden van de biologische vader worden geregeld.
Bijzonderheid daarbij is dat een gerechtelijke vaststelling van het vaderschap terugwerkt tot het overlijden van de vader. Het belang hiervan is dat het kind op het moment van overlijden in familierechtelijke betrekking stond tot zijn overleden vader, zodat hij (mee)erft in de nalatenschap. Ook kan het kind andere wettelijke rechten uitoefenen.

4.4 Groep twee, drie en vier

Overlijdt iemand zonder erfgenamen uit groep één, dus zonder echtgenoot, geregistreerd partner of ((achter)klein))kinderen, dan komen de erfgenamen uit de tweede groep aan bod. Deze groep bestaat uit de ouders en de broers en zusters. Ook hier geldt dat als de broers of zusters zijn overleden, hun kinderen in hun plaats treden. Ouders erven altijd minimaal een kwart. Halfbroers en halfzusters erven de helft van wat een volle broer of zuster erft. Het komt zelden voor dat er in groep één en twee geen erfgenamen gevonden worden, maar als dat het geval is, komen we volgens het erfrecht bij de derde groep en, als daarin ook geen bloedverwanten meer in leven zijn, de vierde groep.
Groep drie bestaat uit de grootouders van de overledene en, bij plaatsvervulling, hun afstammelingen (ooms, tantes neefjes, nichtjes, tot en met de zesde graad). Groep 4 bestaat uit de overgrootouders; ook hier kan weer plaatsvervulling optreden ten gunste van oudooms, oudtantes, neven, nichten, achterneven en achternichten tot maximaal de zesde graad verwantschap.

Als er geen bloedverwanten in de genoemde groepen in leven zijn, vervalt de nalatenschap aan de staat.

4.5 Toch nog een testament?

Onder het oude erfrecht werd het overgrote deel van de testamenten opgemaakt om de positie van de langstlevende te vrijwaren van eventuele claims van de kinderen. Het uitgangspunt van het huidige erfrecht is dat de langstlevende echtgenoot of geregistreerde partner ongestoord verder moet kunnen leven, dus een grote groep mensen hoeft nu niet meer naar de notaris om daarvoor een testament op te stellen.
Toch zijn er ook onder het huidige erfrecht meerdere situaties waarin er voldoende reden is om een testament op te stellen. Te denken valt aan de volgende wensen:

- U wilt een andere verdeling van uw erfenis dan wettelijk is geregeld. U bent bijvoorbeeld alleen, zonder kinderen, en wilt niet dat uw geld naar uw twee broers gaat met wie u nauwelijks contact heeft.
- U wilt niet dat de toekomstige echtgenoten van uw kinderen ook in uw nalatenschap delen (zie par. 4.6g).
- U wilt de wilsrechten van de kinderen uitbreiden of beperken.
- U wilt graag dat uw stiefkinderen ook bij de verdeling worden betrokken.
- U wilt een andere rentevergoeding op de geldvorderingen van de kinderen op de langstlevende echtgenoot.
- U wilt iemand laten erven die volgens het wettelijke erfrecht wordt 'overgeslagen'. Zo erven aanverwanten niet volgens het erfrecht. Aanverwanten zijn onder andere de schoondochter of schoonzoon. Maar ook een dierbare vriend of vriendin komt in het erfrecht niet voor.
- U wilt geld nalaten aan een goed doel. In de volgende situaties is – ook onder het nieuwe erfrecht – een testament min of meer noodzakelijk.

Tip
Meer informatie over testamenten vindt u in onze uitgave *Kies uw testament.*

4.5a Samenwonenden

Alleen gehuwden en geregistreerde partners erven volgens de wet van elkaar. Ongehuwd samenwonenden die zich niet bij de burgerlijke stand hebben laten registreren, erven niet van elkaar; ook niet als er een samenlevingscontract is (hoewel daarin wel voorzieningen ten behoeve van de langstlevende kunnen staan, zoals een verblijvingsbeding).

Wonen twee partners samen, dan heeft ieder normaal gesproken zijn privégoederen en de helft van de gemeenschappelijke goederen (de goederen die samen zijn aangeschaft; verstandig is daarbij dat de rekening van de goederen op naam van beide partners staat). Als één van de twee overlijdt, erven de wettelijke erfgenamen alles wat de overledene toebehoorde. Die wettelijke erfgenamen zijn de kinderen en, als die er niet zijn, de ouders, broers en zusters. De achtergebleven partner krijgt niets.
Hoe kunt u dit voorkomen? In de eerste plaats kunt u een testament maken en in de tweede plaats kan, zoals gezegd, in een samenlevingscontract een verblijvingsbeding worden opgenomen. Dat houdt in dat bij overlijden alle gemeenschappelijke bezittingen aan de langstlevende zullen verblijven. Eventuele kinderen van de erflater hebben wel recht op hun legitieme portie, maar bij testament kan worden bepaald dat die legitieme portie pas opeisbaar is bij overlijden van de langstlevende.
Het verblijvingsbeding kan alleen worden gemaakt voor gemeenschappelijke goederen. Voor de privégoederen kan in het samenlevingscontract een overnemingsbeding worden opgenomen. Dit stelt de langstlevende in de gelegenheid privébezittingen van de overledene tegen betaling over te nemen. Deze gelden vallen in de boedel en komen aan de erfgenamen toe.
Als u alles aan uw partner wilt nalaten, moet u beslist een testament maken.

4.5b Alleenstaanden

Wie alleenstaand is, zonder kinderen, moet zich realiseren dat bij zijn overlijden de familie de nalatenschap gaat verdelen, en wel (uit groep 2) de ouders, broers en zusters. Als dit niet de bedoeling is, en u bijvoorbeeld een bepaald familielid, vriend of instelling wilt begunstigen, is een testament noodzakelijk.

4.5c Kinderloos echtpaar

Als één van beide partners overlijdt, is bij een kinderloos huwelijk volgens het wettelijk erfrecht de langstlevende de enige erfgenaam. Als ook de langstlevende overlijdt, gaat zijn nalatenschap volgens de regels van het erfrecht naar zijn ouders, broers en zusters. De familie van de eerder overleden partner erft niet. Voor een kinderloos geregistreerd paar geldt hetzelfde.
Dit kan als onwenselijk worden beschouwd, vooral als de overlijdensdata dicht bij elkaar liggen. Willen de partners dit voorkomen en wil-

len zij bijvoorbeeld dat de nalatenschap van de vrouw naar haar familie gaat en die van de man naar zijn familie, dan kunnen zij dit in een testament regelen.
Vaak wordt dan gekozen voor de bepaling dat indien de langstlevende overlijdt, zijn nalatenschap wordt gedeeld in twee helften. De ene helft komt toe aan de familie en de andere helft aan de schoonfamilie. In plaats van familie kunt u natuurlijk ook iemand anders aanwijzen. Andere varianten zijn ook denkbaar.

4.6 Wat is een testament en wat kunt u erin regelen?

Met een testament kunt u afwijken van de wettelijke regels van het erfrecht. Een testament is een notariële akte waarin iemand uitdrukkelijk verklaart wat er met zijn nalatenschap moet gebeuren. Het wordt ook wel de laatste of de uiterste wil genoemd.
Iedereen die 16 jaar of ouder is en over zijn verstandelijke vermogens beschikt, kan een testament opmaken. Dat moet bij een notaris gebeuren. Een testament heeft pas rechtskracht als het in het bijzijn van twee getuigen geheel is voorgelezen en de testateur, de notaris en twee getuigen – meestal medewerkers van het notariskantoor – het testament hebben ondertekend.
Het testament kan te allen tijde worden herroepen of veranderd. Daarvoor moet u wel opnieuw naar de notaris. Simpelweg verscheuren heeft geen zin, want het origineel van het testament ligt bij de notaris. Het laatste testament is rechtsgeldig.
Een testament bevat de uiterste wil van één persoon; partners maken dus ieder een testament. Ieder testament wordt door de notaris ingeschreven in het Centraal Testamentenregister (CTR; zie Adressen). Daar wordt niet de inhoud vastgelegd, maar worden wel de persoonlijke gegevens van de testateur (degene die een testament heeft opgemaakt), de datum van het passeren van de akte en de naam van de notaris bij wie het origineel van het testament aanwezig is, vermeld. De testateur krijgt een afschrift van het testament.
Als iemand is overleden, kan bij het CTR worden geïnformeerd of hij een testament had. Bedenk dat een notaris alleen ná iemands dood inlichtingen mag geven over het bestaan van een testament; zelfs de echtgenoot van een in leven zijnde partner krijgt daarover geen inlichtingen. Een echtgenoot kan dus altijd ongemerkt naar een notaris stappen om een testament te laten opmaken.

Voor het herroepen of wijzigen van een testament kunt u terecht bij iedere notaris. U hoeft niet per se naar de notaris bij wie het oorspronkelijke testament is opgemaakt.
We gaan kort in op de bepalingen die in een testament kunnen zijn opgenomen.

Tip

Wacht nooit te lang met het maken van een testament, een overlijden kan men niet plannen. Voor het maken van een testament moet men ook wilsbekwaam zijn. Bij een dementerende kan dit een probleem opleveren. De Koninklijke Notariële Beroepsorganisatie (KNB) heeft voor notarissen een stappenplan met indicatoren gemaakt.

4.6a Herroeping

Een testament begint meestal standaard met een herroeping van eerder gemaakte wilsbeschikkingen. Zo'n verklaring maakt definitief dat er geen uiterste wilsbeschikkingen van vroegere datum van kracht kunnen zijn.

4.6b Erfstelling

De erfstelling is het onderdeel van het testament waarin de erflater bepaalt wie de erfgenamen zijn en welk gedeelte ieder verkrijgt. Een erfgenaam volgt de erflater automatisch op voor het geheel of voor een evenredig gedeelte in alle bezittingen en schulden (tenzij de wettelijke verdeling van toepassing is). Via een erfstelling kunt u van de regels van het wettelijk erfrecht afwijken. U kunt mensen onterven en ook andere erfdelen vaststellen. Alleen kinderen kunnen, zolang het oude recht nog geldt, roet in het eten gooien als hun legitieme portie wordt aangetast. Als zij minder krijgen dan de legitieme portie, kunnen zij dat aanvechten, waardoor zij toch mede-erfgenaam worden en aan de boedelscheiding meedoen (tenzij er een langstlevendetestament is gemaakt met een ouderlijke boedelverdeling).
Als u wenst dat bij testamentaire erfopvolging ook plaatsvervulling geldt, moet dat expliciet in het testament worden bepaald. Bij het wettelijke erfrecht gebeurt dat namelijk automatisch, maar bij testamentaire erfopvolging niet.
Ook met een legaat en een testamentaire last kunt u iemand bevoordelen. Bij een erfstelling verkrijgt iemand automatisch een geheel of een evenredig deel van de nalatenschap, maar bij legaten en testamentaire lasten is dat anders.

4.6c Legaat toekennen

Een legaat is een testamentaire beschikking waarbij u een bepaald omschreven bezitting, een goed of een geldsom, aan iemand van uw keuze toekent. Een erfgenaam krijgt dus een volledige erfenis of een aandeel in de erfenis, terwijl de persoon aan wie een legaat wordt toegekend – de legataris – recht heeft op een bepaald omschreven goed of geldsom of op een andere prestatie.

De erfgenamen moeten het legaat aan de gerechtigde leveren. Als bijvoorbeeld een huis is gelegateerd, gaat de eigendom pas op de legataris over als een notariële akte van levering is opgemaakt en ingeschreven op het kadaster.

Een legaat kan aan een derde worden gegeven, bijvoorbeeld een vriendin of een stichting, maar ook aan een erfgenaam. Een moeder wil bijvoorbeeld voorkomen dat haar zonen en enige dochter haar sieraden gaan verdelen. Daarom neemt ze in haar testament een legaat op waarin ze de sieraden aan haar dochter vermaakt.

Aan legaten wordt dikwijls de clausule toegevoegd 'vrij van rechten en kosten'. Dat betekent voor degene die het legaat krijgt een extra bevoordeling, want de successierechten komen dan ten laste van de erfgenamen.

4.6d Testamentaire last

Een testamentaire last is een aan een erfgenaam of legataris opgelegde verplichting zonder dat een met name genoemde begunstigde is benoemd. Men kan bijvoorbeeld geld nalaten aan een stichting, met daarbij de verplichting dat het geld aan een bepaald project wordt besteed. Men kan ook bepalen dat iemand tot onderhoud van het graf verplicht is, missen moet laten lezen of een studiereis moet maken.

4.6e Executeur

In het testament kan een executeur worden aangewezen. Dat kan een erfgenaam zijn, bijvoorbeeld de langstlevende, maar ook een buitenstaander, bijvoorbeeld een notaris.

De taak van de executeur hangt af van wat daarover in het testament is bepaald. Soms is de taak heel bescheiden: alleen het regelen van de uitvaart. De executeur heeft dan eigenlijk zeer weinig bevoegdheden. Maar het komt vaker voor dat de executeur de nalatenschap moet beheren en de touwtjes in handen moet nemen bij de afwikkeling van de nalatenschap.

Hij vertegenwoordigt als het ware de erfgenamen en hij verricht de handelingen die anders door de erfgenamen gezamenlijk zouden moeten worden verricht. De uitvoering door één persoon vergemakkelijkt de

afhandeling. De executeur moet zorgdragen voor de uitvoering van de beschikkingen die de erflater in zijn testament heeft gemaakt en hij voert het beheer over de nalatenschap. Concreet betekent dit dat hij onder meer legaten uitkeert, schulden voldoet en vorderingen int.
Als een executeur is aangewezen, wordt een verklaring van executele opgemaakt door de notaris. Daarin staat wie de executeur is en waartoe hij bevoegd is.
De erflater kent de executeur in de regel een loon toe voor zijn werk. Dat kan in de vorm van een vast bedrag, maar ook in de vorm van een percentage van de waarde van de nalatenschap. Als er niets is geregeld, heeft de executeur recht op een wettelijk loon. In het nieuwe erfrecht is een beloning bepaald van 1% van de waarde van het vermogen van de erflater op de dag van overlijden.
Onder het huidige erfrecht kan de erflater de taken en bevoegdheden van de executeur verder uitbreiden.
Bedenk wel dat een executeur niet verplicht is de benoeming te aanvaarden. Het is dus verstandig een kandidaat vooraf te polsen over uw voornemen. Als hij de benoeming wel accepteert, moet hij na afronding van zijn taak rekening en verantwoording afleggen.
Als er geen executeur is benoemd, kunnen de erfgenamen iemand uit hun midden aanwijzen.

4.6f Benoeming van een bewindvoerder

In een testament kan een bewindvoerder worden aangesteld over de nalatenschap of over een deel van de nalatenschap. De erfgenaam kan zijn vermogen dan niet zelf beheren.
Vooral bij jonge erfgenamen komt zo 'n bewind wel voor. Dat geldt dan bijvoorbeeld tot ze een bepaalde leeftijd hebben bereikt. Op die manier wordt voorkomen dat ze onzorgvuldig omspringen met een (groot) vermogen. Een erfgenaam kan wel zijn legitieme portie opeisen.

4.6g Uitsluitingsclausule

Gebruikelijk is dat in een testament een bepaling wordt opgenomen dat het erfdeel van de kinderen geen deel zal uitmaken van de gemeenschap van goederen waarin de kinderen getrouwd zijn of nog zullen trouwen. Als een kind gaat scheiden, heeft de ex-echtgenoot dus geen recht op de helft van de erfenis.

4.6h Vrijstelling van inbreng van schenkingen

Indien op of na 1 januari 2003 bij leven schenkingen zijn gedaan aan kinderen en als niet alle kinderen evenveel hebben gekregen, hoeft dat

later bij de verdeling van de nalatenschap niet te worden rechtgetrokken. Dit heet vrijstelling van inbreng van schenkingen. Wilt u dat dit wél wordt rechtgetrokken, dan moet u dat bij testament of bij de schenking regelen.
Voor schenkingen die gedaan zijn vóór 1 januari 2003 geldt de inbrengplicht voor kinderen automatisch, tenzij u bij de schenking of bij testament heeft bepaald dat er juist geen inbreng hoeft plaats te vinden. Als u eerst inbrengplicht heeft opgelegd bij de schenking, maar later toch wilt dat bij de verdeling van uw nalatenschap niet meer wordt teruggekomen op eventueel ongelijke bevoordelingen van de kinderen, kunt u alsnog in uw testament bepalen dat de schenkingen niet behoeven te worden ingebracht.

4.6i Voogdijvoorziening

In een testament kunnen ouders vastleggen wie hun kinderen verder moet verzorgen en opvoeden als zij komen te overlijden.
Ieder minderjarig kind staat onder het gezag van een of meer volwassenen. Bij ouders spreken we van ouderlijk gezag. Wordt het gezag door een niet-ouder uitgeoefend, dan is sprake van voogdij.
Getrouwde ouders hebben automatisch het ouderlijk gezag. Van ouders die samenwonen of geregistreerde partners zijn, krijgt alleen de moeder automatisch het ouderlijk gezag.
Een vader die niet getrouwd of geen geregistreerd partner is, krijgt dit gezag niet automatisch, ook al heeft hij het kind erkend. Om het gezag te verkrijgen moet speciaal een verzoek bij de rechter worden ingediend.
Na een scheiding hebben de ouders samen het gezag, of één van beide ouders. Wat gebeurt er als één van de ouders komt te overlijden?
Als de ouders gezamenlijk het ouderlijk gezag hadden, blijft de achterblijvende ouder automatisch belast met dat gezag. Overlijdt een ouder die alléén het gezag over een kind voerde, dan komt de rechter eraan te pas. Als de achterblijvende ouder graag het gezag wil, beslist de rechter. Hij zal het verzoek inwilligen als de belangen van het kind niet worden verwaarloosd. De achterblijvende ouder heeft trouwens ook de voorkeur boven een testamentaire voogd die de overleden ouder wellicht in een testament heeft aangewezen.
Als beide ouders overlijden, bepaalt de kantonrechter wie de voogdij krijgt, tenzij u in een testament al een voogd heeft aangewezen. Met het benoemen van een voogd in een testament voorkomt u dus in de meeste gevallen inmenging door de Raad van Kinderbescherming en eventueel geharrewar in de familie. Iedereen van 18 jaar en ouder kan in principe voogd worden. Bespreek uw keuze van tevoren met de per-

soon in kwestie, zodat u weet dat hij hiertoe bereid is. U kunt ook een tweede keuze aangeven.
Verder kunt u in de voogdijregeling persoonlijke wensen opnemen, bijvoorbeeld dat de kinderen bij elkaar blijven en bij de voogd in huis worden opgenomen. Het is ook mogelijk twee personen gezamenlijk met de voogdij te belasten.
Voogd worden heeft als nadeel dat je dan verplicht bent de kinderen financieel te onderhouden, ook als die kinderen zelf vermogen hebben. Ga mede daarom van tijd tot tijd na of de door u aangewezen voogd nog steeds bereid en geschikt is het voogdijschap op zich te nemen. U kunt de regeling altijd herzien. Een voogdijregeling kan trouwens ook in een aparte notariële akte worden geregeld.

Tip
Ga regelmatig na of uw testament nog aansluit bij uw wensen.

4.6j En verder

Het testament kan aanwijzingen bevatten met betrekking tot de uitvaart. Ook het oprichten van een stichting, een fonds of iets dergelijks behoort tot de zaken die u per testament kunt regelen.

4.7 Successierecht besparen

Er zijn ook testamentvormen ontwikkeld die tot doel hebben uiteindelijk minder successierecht te betalen. Deze testamenten worden gemaakt in het kader van de zogenoemde nalatenschapsplanning of *estate planning*. Een goede planning van de nalatenschap kan tientallen procenten belasting schelen.
Een van die vormen is het ik-opa-testament. Daarbij wordt door de grootouders aan de kleinkinderen een (deel van de) erfenis nagelaten in de vorm van een vordering op hun ouders. Als de ouders vervolgens overlijden, kunnen de kleinkinderen de vordering opeisen en wordt die vordering op de nalatenschap van de ouder in mindering gebracht.
Over de geldsom van de grootouder betalen de kleinkinderen dan eenmaal successierechten. Zonder zo'n testament maakt het bedrag eerst deel uit van de nalatenschap van de ouders en wordt er twee keer belasting over betaald.
Het bovenstaande geldt alleen voor zover de vrijstellingen voor het successierecht worden overschreden.
Notarissen, maar ook financieel adviseurs en fiscalisten houden zich bezig met nalatenschapsplanning.

4.8 Codicil

Ook in een codicil kunt u enkele regelingen voor na uw overlijden vastleggen. Een codicil is een met de hand geschreven verklaring – dus niet getypt – voorzien van een datum en een handtekening.
Alleen inboedelgoederen, sieraden en kleren kunnen met een codicil worden vermaakt. De goederen moeten wel nauwkeurig worden beschreven. Andere goederen kunnen niet met een codicil worden nagelaten. Een legaat van een geldsom, aandelen of een huis kunnen niet in een codicil worden opgenomen. Sinds 1 januari 2003 kan bij codicil geen executeur meer worden benoemd (oude codicillen blijven wel geldig). Een codicil is dus geen alternatief voor een testament.
In een codicil kunt u ook instructies geven voor uw begrafenis en crematie.
Een voordeel van een codicil is dat u het zelf kunt opmaken, al kan het verstandig zijn het door een notaris te laten controleren.
Verder kunt u een codicil zelf op eenvoudige wijze veranderen of herroepen door het origineel te vernietigen en een nieuw codicil te maken.
Een nadeel van een codicil is dat het kan wegraken, onvindbaar kan zijn of door een kwaadwillend persoon vernietigd kan worden.
Om dat te voorkomen, kunt u aan de notaris vragen het codicil bij het testament op te bergen. U houdt dan zelf een kopie.
Aan het bestaan van een codicil moet ook worden gedacht bij het herroepen van een testament. In een testament worden in de regel alle voorgaande uiterste wilsbeschikkingen herroepen, dus dat geldt ook voor een codicil.
Bijlage I geeft een voorbeeld van een codicil.

4.9 Verklaring van erfrecht

Op het moment van overlijden van de erflater zijn de erfgenamen eigenaar van de nalatenschap. Om dat tegenover derden kenbaar te kunnen maken, is een verklaring van erfrecht vereist. Dit is een notariële akte, waarin de notaris verklaart wie de overledene was, met wie hij was getrouwd, wie zijn kinderen zijn, of er een testament is, wie de erfgenamen zijn en voor welk deel.
De erfgenamen moeten voor de verklaring van erfrecht een afspraak bij de notaris maken en het een en ander meenemen, namelijk de akte van overlijden, een identiteitsbewijs, de namen en adressen van directe familieleden en het afschrift van het testament van de overledene (als

dat in hun bezit is). De notaris zal zelf ook nog bij het Centraal Testamentenregister informeren of er een testament is en welke notaris dat in zijn bezit heeft.

Ook raadpleegt de notaris het bevolkingsregister. Aan de hand van deze gegevens stelt de notaris de verklaring van erfrecht op. Het kan soms enkele weken tot maanden duren voordat die gereed is. Dat kan heel lastig zijn omdat u deze verklaring nodig heeft bij het (de)blokkeren van rekeningen, en bijvoorbeeld ook voor het innen van gelden uit een levensverzekering.

Als de erflater geen executeur heeft aangewezen, kunnen de erfgenamen uitsluitend gezamenlijk over de nalatenschap beschikken. Dat is niet erg handig.

De erfgenamen kunnen ook één van hen of een buitenstaander machtigen om de zaken af te wikkelen. Dat kan via een boedelvolmacht; de afgegeven boedelvolmacht kan in de verklaring van erfrecht worden vermeld. In de volmacht kunnen de handelingen worden opgesomd die onder de volmacht vallen. De erfgenamen mogen zelf bepalen hoe ver die handelingen strekken. Ze kunnen een beperkte volmacht afgeven, bijvoorbeeld alleen voor het opnemen van bank- en girotegoeden, of een uitgebreide volmacht die zich uitstrekt tot de totale afwikkeling van de boedel.

De boedelvolmacht kan trouwens ook onderhands, zonder tussenkomst van de notaris, worden opgesteld, maar gezien het belang ervan kan hij beter in de verklaring van erfrecht worden opgenomen. Het is ook verstandig de gevolmachtigde in ieder geval te verplichten na afloop van zijn werkzaamheden rekening en verantwoording af te leggen.

4.10 Rol van de notaris

Wanneer een nalatenschap niet omvangrijk is, er geen moeilijkheden bij de verdeling te verwachten zijn en de wet het inschakelen van een notaris niet verplicht, kunnen de erfgenamen de nalatenschap grotendeels zelf afwikkelen. Denk daarbij aan de boedelbeschrijving, het waarderen van de boedel en het bepalen van de verdeling. Ook de successieaangifte kunt u in principe zelf doen. Helemaal zonder notaris kunt u echter niet, want hij is in ieder geval nodig voor de verklaring van erfrecht, terwijl bijvoorbeeld de toedeling van een woning ook notarieel moet worden vastgelegd.

Bij een omvangrijke, ingewikkelde nalatenschap of bij een broze verhouding tussen de erfgenamen kan het verstandig zijn een notaris als

onafhankelijke derde in te schakelen. Hij kan de gehele boedelbehandeling voor zijn rekening nemen, van het opstellen van de verklaring van erfrecht, de uitkering van legaten en erfdelen en het opstellen van de notariële akte van verdeling tot aan het verzorgen van de successieaangifte toe. Maar u kunt de notaris ook slechts een gedeeltelijke boedelbehandeling laten verrichten en zelf het een en ander regelen. Dat scheelt aan notariskosten.
Een executeur of een gevolmachtigde laat de afwikkeling van de nalatenschap trouwens ook vaak over aan de notaris omdat hij zelf te weinig routine heeft.
De erfgenamen kunnen zelf kiezen welke notaris zij willen inschakelen voor de boedelbehandeling. Zij zijn niet gebonden aan de notaris bij wie de overledene zijn testament heeft opgemaakt.

4.11 Kosten van de notaris

Voor het opstellen van akten in het familierecht, zoals een verklaring van erfrecht of testament, geldt geen vast tarief. We kunnen daarom slechts een indicatie geven.
Voor een verklaring van erfrecht moet u al snel rekenen op een bedrag van een paar honderd euro's. De kosten voor een eenvoudig testament starten vanaf zo'n €200 tot boven de €400, inclusief btw. Voor dit soort akten in het familierecht geldt overigens wel een maximumtarief. Dit bedraagt €2137 als uw verzamelinkomen onder een bepaalde grens blijft (voor alleenstaanden €22.900 en voor anderen €32.400) en anders €8548.
Deze maximering speelt alleen een rol als de werkzaamheden van de notaris zodanig waren dat een redelijk honorarium boven het maximum uitkomt. Verder betaalt u nog enkele extra kosten, zoals die van het Centraal Testamentenregister (circa €8 voor registratie van één testament) en van de diverse bevolkingsregisters. Heeft u een (gezamenlijk) vermogen van meer dan €226.890, dan geldt er geen maximumtarief.
Voor het regelen van de boedelscheiding brengt een notaris zijn uren in rekening. Dat kan flink in de papieren lopen! Een uurtarief van circa €150 bent u zo kwijt. De uurtarieven verschillen van kantoor tot kantoor. Notarissen zijn dus duur en omdat er geen vaste tarieven gelden, is het belangrijk dat u zich van tevoren op de hoogte stelt van de kosten van een testament, van een verklaring van erfrecht of van de afwikkeling van een nalatenschap. Kijk maar eens op www.degoedkoopstenotaris.nl. Let er op of de (goedkopere) notaris bij u in de buurt zit en wat hij precies levert voor de prijs. U kunt natuurlijk ook informeren bij een aantal

notariskantoren naar de kosten en een offerte vragen, zodat u een goed overzicht heeft van alle kosten die de notaris in rekening denkt te brengen. Op deze manier kunt u diverse notarissen met elkaar vergelijken. Bovendien krijgt u ook een indruk van de klantvriendelijkheid van de verschillende kantoren. U kunt wellicht een vaste prijsafspraak maken voor een testament of voor een verklaring van erfrecht.

Voor meer informatie over notaristarieven kunt u terecht bij de Koninklijke Notariële Beroepsorganisatie (zie Adressen), bij de notaristelefoon of bij een notariskantoor.

Indien niet anders aangegeven, dateren de bedragen die in deze en de volgende paragraaf worden genoemd van begin 2008.

Tip

Vraag, als u die nodig heeft, een aantal exemplaren van de verklaring van erfrecht! Extra exemplaren zijn goedkoper dan een losse.

4.11a Verzoek tot maximering

Minder draagkrachtigen in de zin van de Wet op de rechtsbijstand kunnen een verzoek tot maximering doen. Als dat wordt toegekend, mag de notaris niet meer aan honorarium in rekening brengen dan een bepaald maximumtarief. Dat geldt voor een testament, maar ook voor de verdeling van een negatief vermogen (dat wil zeggen dat er meer schulden dan bezittingen zijn).

Ook voor het opmaken van een verklaring van erfrecht met betrekking tot een nalatenschap die per saldo niet meer dan het heffingvrij vermogen in box 3 van de inkomstenbelasting (€20.315, afgezien van eventuele toeslag) bedraagt, kan een verzoek tot maximering van het honorarium worden gedaan. Hoe gaat dat in zijn werk?

Per arrondissement kent men een Kamer van toezicht. Het adres is hetzelfde als dat van de rechtbank. Bij de voorzitter van deze kamer dient u een verzoek in tot maximering omdat u minder draagkrachtig bent. Daarvoor moet u een verklaring over uw inkomen en vermogen overleggen. Die verklaring wordt afgegeven door de burgemeester van uw woonplaats. Om voor maximering in aanmerking te komen, mag uw verzamelinkomen als alleenstaande niet hoger zijn dan €22.900 om voor het maximumtarief per akte van €534 (incl. btw) in aanmerking te komen. Is uw inkomen hoger, dan bedraagt het maximumtarief €2137 (incl. btw).

Voor gehuwden, samenwonenden en eenoudergezinnen gelden dezelfde maximumtarieven, afhankelijk van of uw (gezamenlijke) inkomen al dan niet hoger is dan €32.400. In beide situaties mag uw vermogen niet meer zijn dan €226.890; anders geldt er geen maximumtarief.

4.12 Omvang van de nalatenschap

Als de erfgenamen bekend zijn, is natuurlijk de vraag wat en hoeveel zij ontvangen. De waarde van de nalatenschap moet worden vastgesteld. Dat doet u door een boedelbeschrijving op te maken. Dat is een inventarisatie van alle tot de boedel behorende goederen en schulden. De executeur of de erfgenamen kunnen dit overzicht zelf opstellen, maar ze kunnen het ook overlaten aan de notaris.
Er bestaat een goede kans dat de erfgenamen over de waarde van hun deel van de nalatenschap successierecht moeten betalen. Hiervoor gelden speciale waarderingsregels, die hierna aan de orde komen. De erfgenamen moeten in de gaten houden dat de successieaangifte binnen acht maanden na het overlijden moet worden gedaan.
Bij het opstellen van de boedelinventarisatie zijn enkele zaken van belang.

4.12a Huwelijksgoederengemeenschap

Als de erflater in gemeenschap van goederen was getrouwd, behoort de helft van deze goederengemeenschap tot de nalatenschap. Was de erflater op huwelijkse voorwaarden getrouwd, dan moeten de huwelijkse voorwaarden nader worden bekeken. Afhankelijk van de vorm van de huwelijkse voorwaarden kan er sprake zijn van gemeenschappelijke bezittingen. De helft van deze bezittingen valt dan in de nalatenschap. Bij een geregistreerd partnerschap en bij partnerschapvoorwaarden geldt hetzelfde.

4.12b Taxatie

De waarde van de tot de boedel behorende goederen kunnen de erfgenamen in onderling overleg zelf vaststellen.
Voor bepaalde zaken is dat makkelijk; denk maar aan eenvoudige boedelonderdelen of aan bank- en girotegoeden. En voor beursgenoteerde aandelen kan de waarde worden genomen zoals die in de AEX-publicaties staat (slotkoers).
Gaat het om de vaststelling van de waarde in verband met de berekening van de vordering van de kinderen op de langstlevende echtgenoot, dan wordt als peildatum altijd de datum van overlijden aangehouden. Als het gaat om taxatie in het kader van de verdeling van de nalatenschap, geldt als hoofdregel dat de waarde wordt bepaald op de dag van de verdeling. De erfgenamen kunnen met elkaar echter andere afspraken maken en ook kan uit de redelijkheid en billijkheid voortvloeien dat een andere datum, bijvoorbeeld de overlijdensdatum, wordt gekozen.

Als een woning tot de boedel behoort, geldt de leegwaarde (bij verkoop) als waardemaatstaf. Het kan verstandig zijn een taxatierapport door een makelaar te laten opstellen, maar dat is niet verplicht.
Als de erfgenamen het niet eens kunnen worden over de waarde van bepaalde goederen, is het verstandig een deskundige een bindend advies te laten uitbrengen waaraan de partijen zich onderwerpen. Dat brengt uiteraard wel kosten met zich mee.
Voor de successieaangifte geldt altijd dat de werkelijke waarde op het moment van overlijden moet worden bepaald.
Erfgenamen moeten daar alert op zijn en zich realiseren dat zij vanaf het moment van overlijden eigenaar zijn van de boedelbestanddelen. Stel dat de waarde van een aandelenportefeuille bij overlijden €45.000 bedraagt. Over deze waarde moeten de erfgenamen successierecht betalen, ook al zou de waarde tegen de tijd waarop het successierecht wordt betaald met de helft gedaald zijn. Het omgekeerde kan natuurlijk ook, namelijk dat de aandelen in waarde zijn gestegen.

4.12c Schulden

Tot de boedel kunnen ook schulden behoren. Deze moeten uit de boedel worden betaald. In een aantal gevallen zal dat trouwens niet nodig zijn, want bij een persoonlijk krediet of bij een persoonlijke lening wordt de schuld bij overlijden in de meeste gevallen kwijtgescholden (vaak tot een bepaald bedrag). Kijk hier de voorwaarden van het krediet op na.
Aan een hypotheek is meestal een overlijdensrisicoverzekering verbonden, die tot uitkering komt bij overlijden en waarmee de hypotheek geheel of voor een deel wordt afgelost. Het hangt er dan wel van af wie de begunstigde was.
Soms is de verzekering 'kruislings' afgesloten op het leven van twee partners. Als de ene partner overlijdt, ontvangt de langstlevende krachtens zijn of haar eigen verzekering een uitkering waarmee de hypotheek moet worden afgelost.
Als de langstlevende dan niet tevens erfgenaam is (zoals bij ongehuwden die geen testament gemaakt hebben), dienen de erfgenamen (bijvoorbeeld ouders, broers, zusters) het bedrag waarmee de hypotheek is afgelost te vergoeden aan de langstlevende partner, voor zover het aflossing van een schuld van de overledene betrof. Als de uitkering is gebruikt voor aflossing van het deel van de langstlevende in de schuld, hoeft uiteraard niets te worden vergoed.

4.12d Legaten

Een legaat wordt beschouwd als een schuld van de nalatenschap. Als een

roerende zaak is gelegateerd, kan het eenvoudigweg worden uitgekeerd. Hiervan moet wel een kwitantie worden opgemaakt. De afgifte van onroerende zaken moet in een notariële akte worden vastgelegd.
Het is mogelijk dat het gelegateerde er niet meer is, denk bijvoorbeeld aan een auto. Dat is jammer voor de legataris, want hij krijgt dan niets. Als het legaat een geldsom is, wordt dit altijd geacht in de boedel aanwezig te zijn. Voor de uitkering moeten de erfgenamen desnoods boedelbestanddelen verkopen.

4.12e Sommen ineens

De sommen ineens, waarop kinderen onder omstandigheden aanspraak kunnen maken, moeten eveneens uit de boedel worden betaald.

4.12f Boedelkosten

Uitvaartkosten worden uit de boedel betaald als er geen andere voorzieningen, bijvoorbeeld een uitvaartverzekering, waren getroffen. Als de erfgenamen de kosten zelf betalen, zijn deze onder voorwaarden aftrekbaar voor de inkomstenbelasting (zie ook hoofdstuk 2 en hoofdstuk 5).
Andere kosten die uit de boedel moeten worden voldaan, zijn de notariskosten en de kosten van andere deskundigen, bijvoorbeeld van een makelaar of een belastingadviseur.

4.13 Saldo van de nalatenschap

Zodra duidelijk is wat het saldo van de nalatenschap is, kan berekend worden waarop de erfgenamen recht hebben. Daarbij bestaat de kans dat de schulden de bezittingen overtreffen. Er is dan sprake van een negatieve nalatenschap en dat kost de erfgenamen geld in plaats van dat het ze wat oplevert. De erfgenamen zijn namelijk aansprakelijk voor de schulden en kunnen daarop worden aangesproken.

4.13a Accepteren of verwerpen

Iedere erfgenaam heeft het recht de nalatenschap te weigeren. De erfgenaam moet dan wel in een zo vroeg mogelijk stadium duidelijk maken dat hij van zijn weigeringsrecht gebruik wil maken. De wet zegt namelijk dat als iemand een nalatenschap heeft geaccepteerd, hij die daarna niet meer kan verwerpen. Het verwerpen van een erfenis heeft als gevolg dat de verwerper wordt geacht nooit erfgenaam te zijn geweest.
Als een erfgenaam een nalatenschap weigert, moet hij een verklaring afleggen op de griffie van de rechtbank van het arrondissement waar de

overledene woonde. Op de griffie wordt een boedelregister bijgehouden waarin de naam van de erflater staat, de namen van de erfgenaam of erfgenamen, en de inhoud van de verklaring, namelijk de verwerping. Bestaat er twijfel over de omvang van de nalatenschap, dan kunnen de erfgenamen de boedel aanvaarden onder het voorrecht van boedelbeschrijving. Zij aanvaarden wel de boedel, maar als blijkt dat die negatief is, zijn de erfgenamen slechts aansprakelijk voor er baten in de boedel zitten.

Een erfgenaam hoeft dan niet uit eigen zak bij te leggen. Aan aanvaarden onder het voorrecht van boedelbeschrijving – ook wel beneficiaire aanvaarding genoemd – zijn enkele voorwaarden verbonden. Zo moet een boedelbeschrijving worden opgemaakt en moeten rekening en verantwoording aan de schuldeisers worden afgelegd. Er zijn enkele situaties waarin aanvaarden onder het voorrecht van boedelbeschrijving verplicht is, onder andere als er minderjarige erfgenamen zijn. Instellingen zoals de Nederlandse Hartstichting en Greenpeace zijn op grond van hun statuten altijd verplicht beneficiair te aanvaarden. Voor hen is de overledene altijd een onbekende, met alle risico's van dien.

Als de erfgenamen gebruikmaken van het voorrecht van boedelbeschrijving, moeten zij hiervoor een verklaring afleggen op de griffie van de rechtbank. Een erfgenaam kan dat zelf doen, maar hij kan ook een andere erfgenaam machtigen of het aan de notaris overlaten.

De griffierechten voor een verklaring van beneficiaire aanvaarding of verwerping van een nalatenschap bedragen circa €98.

Let op: het weigeren of het beneficiair aanvaarden van een nalatenschap moet uitdrukkelijk gebeuren. Als u zich als erfgenaam gedraagt, kan dit als accepteren van een nalatenschap worden uitgelegd en, zoals gezegd, een aanvaarde nalatenschap kan niet meer worden verworpen. Als u nog twijfelt, is het dus van belang geen handelingen te verrichten waarmee u de indruk wekt de nalatenschap te aanvaarden, zoals rondrijden in een auto uit de boedel of meepraten over de verdeling van de boedel.

4.14 De verdeling

Nadat de definitieve aanslag voor het successierecht is vastgesteld, kan de nalatenschap worden verdeeld. Omdat daar lange tijd overheen kan gaan, kunnen de erfgenamen in gezamenlijk overleg soms al een voorschot op het erfdeel krijgen. Dat kan door bepaalde goederen vast te verdelen of door een uitkering in geld. Er moet in ieder geval geld zijn gereserveerd voor de successieaanslag.

De boedelscheiding of de verdeling van de nalatenschap is in principe niet aan speciale eisen gebonden. Zelfs een mondelinge afhandeling zou mogelijk zijn, al verdient een schriftelijke verdeling de voorkeur voor het geval later eventuele bewijzen nodig zijn. De erfgenamen kunnen dus zelf afspreken wie wat krijgt en op welke wijze een en ander onderling wordt verrekend.
Maar in een aantal situaties gelden wel speciale regels, bijvoorbeeld zodra er erfgenamen zijn die niet zelf in staat zijn het vrije beheer over hun vermogen te voeren en die hun belangen moeten laten behartigen door iemand anders. Het gaat onder andere om erfgenamen die onder curatele en bewind zijn gesteld, erfgenamen die failliet zijn en minderjarige erfgenamen. In deze gevallen moet de verdeling worden neergelegd in een notariële akte van verdeling. Voorts moet een boedelbeschrijving worden opgemaakt, moeten bezittingen worden getaxeerd en moet de uiteindelijke verdeling door de kantonrechter worden goedgekeurd.

4.14a Minderjarige erfgenamen

Nog even iets over minderjarige erfgenamen. Hun belangen worden behartigd door een ouder of een voogd. De kantonrechter heeft hierbij een controlerende functie. In het kader daarvan eist de rechter dat binnen acht weken na de kennisgeving van het overlijden door de gemeente een opgave wordt gedaan van bepaalde op de sterfdag aanwezige vermogensbestanddelen middels een u toegestuurde verklaring. In geval van een voogd moet in elk geval binnen acht maanden na het begin van de voogdij (ook) een boedelbeschrijving bij de kantonrechter worden ingediend.
Dat kan door een notaris worden gedaan, maar een voogd kan dit ook zelf verzorgen. Bij kleinere nalatenschappen is de boedelbeschrijving niet nodig. Als de goederen van een minderjarige een waarde van €11.250 niet te boven gaan, kan worden volstaan met een verklaring van weinig of geen vermogen. Bij twee of meer minderjarige kinderen van dezelfde ouders kan dat als de waarde van de goederen tezamen niet meer is dan €22.500.

4.14b Hoe verdelen?

We bekijken eerst de situatie waarin de echtgenoot en de kinderen erfgenaam zijn.
Onder het nieuwe erfrecht is de verdeling eigenlijk al bepaald. De wet bepaalt dat alles aan de langstlevende toekomt en dat de kinderen een vordering op de overgebleven ouder krijgen. In andere situaties kunnen de erfgenamen de nalatenschap zo verdelen dat iedereen naargelang van

zijn erfdeel een deel van de gemeenschappelijke goederen krijgt. Ook kan het geheel of het grootste deel van de nalatenschap aan een van de erfgenamen worden toegedeeld. Degene die op die manier is overbedeeld, moet wat hij te veel heeft ontvangen, aan de overige erfgenamen in geld uitkeren.

Als meer erfgenamen bepaalde goederen willen, kan loten of een veiling onder de erfgenamen uitkomst brengen. Bij een veiling krijgt de hoogste bieder het goed en valt het bedrag in de boedel. Een andere verdelingsmogelijkheid is het verkopen van de roerende en/of onroerende zaken aan een derde. De opbrengst daarvan wordt vervolgens verdeeld.

Als de verdeling is afgerond, is het verstandig dit schriftelijk vast te leggen. Dat kan in een onderhandse akte; een notariële akte is niet verplicht. Bevatte de boedel een onroerende zaak en wordt deze verkocht aan een derde of toebedeeld aan een erfgenaam, dan moet dat wel in een notariële akte worden vastgelegd.

In de praktijk worden de boedelbeschrijving en de verdeling vaak in een akte gecombineerd. In zo'n akte staat in ieder geval de naam van de erflater, wie de erfgenamen zijn en een boedelbeschrijving. Daarnaast wordt vermeld wat er is uitgekeerd aan schulden en wat er is binnengekomen aan baten, evenals de uiteindelijke verdeling onder de erfgenamen, met een handtekening van alle erfgenamen.

5 Fiscale afwikkeling van de nalatenschap

In dit hoofdstuk gaan we in op de rol van de fiscus rond een nalatenschap. U leest over successierecht (een belasting over erfenissen), de vrijstellingen die er op verschillende gebieden bestaan en het tarief van het successierecht.

Voordat we hier uitgebreid op ingaan, laten we u zien hoe de fiscus tegen een nalatenschap en erfenissen aankijkt. Uitgangspunt hierbij is de laatste fiscale wetgeving en de jurisprudentie tot februari 2008. Er zijn plannen tot een aanpassing van de Successiewet in de nabije toekomst. Enkele zeer belangrijke wijzigingen in deze wet die al in 2002 van kracht zijn geworden, geven we kort aan.

5.1 Waaruit bestaat de nalatenschap?

Als iemand overlijdt, is er een nalatenschap: het geheel van bezittingen minus schulden van de overledene dat aan erfgenamen of anderen wordt nagelaten.
Denk bij bezittingen bijvoorbeeld aan een woning, een auto, inboedel, banksaldi, vorderingen, effecten, rechten op verzekeringsuitkeringen, vergunningen, ondernemingsvermogen enzovoort. Onder schulden vallen bijvoorbeeld hypotheek- en andere schulden, zoals een lening bij een bank of bij iemand anders, belastingschulden, nog te betalen huishoudelijke rekeningen enzovoort.
Schulden kunnen alleen worden afgetrokken voor zover ze in rechte afdwingbaar zijn. Alle bezittingen en schulden moeten op het aangiftebiljet voor het successierecht (zie par. 5.2a) worden ingevuld. De omvang van de nalatenschap is verder nog afhankelijk van het feit of de partners al dan niet getrouwd of geregistreerd zijn, en zo ja, in welke vorm een verbintenis is aangegaan. Als sprake was van algehele gemeenschap van goederen, zijn de bezittingen en schulden gezamenlijk eigendom van beiden en vererft bij overlijden van één van hen slechts de helft van de gezamenlijke eigendom. Uitzonderingen zijn soms mogelijk door de zogenoemde uitsluitingsclausule (zie par. 4.6g).

Vervolgens mag u op het saldo van bezittingen minus schulden voor de fiscus nog redelijke begrafenis- of crematiekosten aftrekken (een eventuele uitkering uit een begrafenis- of crematiefonds komt hierop in mindering). Zie voor voorbeelden par. 5.8c.

5.2 Toewerken naar de aangifte voor het successierecht

In grote lijnen weet u nu wat een nalatenschap is. De nalatenschap gaat in principe naar de erfgenamen, maar eerst moeten eventuele legaten worden uitgekeerd. Legaten zijn zaken die door bepaalde personen (legatarissen) verkregen moeten worden omdat ze in een testament of codicil van de erflater zijn aangewezen. De erfgenamen moeten deze zaken afgeven en kunnen de waarde ervan van de nalatenschap aftrekken.
Aan een verkrijging kunnen verder nog bepaalde nadelige lasten zijn verbonden, bijvoorbeeld om iets te doen of juist niet te doen.
U krijgt bijvoorbeeld een erfenis onder de last er een wereldreis mee te bekostigen. Alleen als de last in het voordeel van een ander is, mag de waarde daarvan in mindering op uw verkrijging komen. Stel dat u een kostbaar schilderij erft, maar dat hieraan de last is verbonden dat u aan een derde €5000 moet betalen. Die €5000 gaat nu af van uw verkrijging (de waarde van het schilderij). Bij die derde telt dat bedrag natuurlijk weer wel als verkrijging.
Bij de vaststelling van (de grootte van) een erfenis kan ook nog een fictieve verkrijging een rol spelen. Dat betekent dat iemand door een overlijden wordt bevoordeeld zonder dat dit juridisch gezien volgens het erfrecht gebeurt. De fiscus kan dan volgens de Successiewet toch doen alsof de erfenis krachtens erfrecht is verkregen en successierecht heffen.
Zo 'n fictieve verkrijging kan in het bijzonder aan de orde zijn als de erflater tijdens zijn leven iets bijzonders heeft gedaan, zoals eigendom wegdoen en in plaats daarvan een vruchtgebruik voor zichzelf tot overlijden voorbehouden of binnen 180 dagen vóór overlijden schenkingen doen. Het voert in het bestek van dit boek te ver om hierop dieper in te gaan.
Als alles geregeld is, kan de nalatenschap onder de erfgenamen worden verdeeld. Voor de verdeling van de boedel in een nalatenschap hoeft de waarde van eventuele schenkingen die tijdens het leven door een ouder aan (klein)kinderen is gedaan, door de (klein)kinderen alleen in de nalatenschap te worden ingebracht als de ouder dit bij de schenking of in een testament heeft bepaald.

Of u nu een erfgenaam bent, een legaat krijgt of door een last die op een ander rust wordt bevoordeeld, u kunt uw verkrijging waarschijnlijk niet helemaal voor uzelf gebruiken, want eerst komt de fiscus nog om de hoek kijken.
Ieder die een deel (of alles) erft, krijgt namelijk – als de erfenis boven een bepaalde vrijstelling uitkomt – te maken met het zogenoemde successierecht, een belasting op een erfrechtelijke verkrijging door een overlijden. Deze belasting wordt alleen geheven als de erflater op het moment van overlijden in Nederland woonde. Daarbij geldt volgens de wet nog de volgende fictie (alsof-situatie): als u als Nederlander binnen tien jaar nadat u het land heeft verlaten, overlijdt, wordt u nog geacht bij overlijden in Nederland te hebben gewoond. In sommige gevallen is het dan mogelijk dat uw erfgenamen in twee landen successierecht moeten betalen. Overigens is er momenteel een interessante rechtszaak gaande over de geldigheid van deze fictie.
In het algemeen geldt dat hoe meer iemand krijgt en hoe geringer de verwantschap met de overledene was, des te meer successierecht er moet worden betaald.

Tip

Wie nog relatief jonge kinderen heeft (tussen de 18 en 35 jaar) kan ook binnen 180 dagen voor overlijden een belastingvrije schenking doen (per kind) van €22.379, mits hiervan aangifte wordt gedaan bij de Belastingdienst. Zo'n schenking kan dan belasting besparen voor het successierecht.

5.2a Procedure voor het indienen van de aangifte

Meestal stuurt de fiscus na een overlijden automatisch een aangiftebiljet voor het successierecht. De Belastingdienst ontvangt namelijk maandelijks van alle Nederlandse gemeenten de gegevens uit het bevolkingsregister en wordt zo ingelicht over iemands overlijden. Als men bij de dienst verwacht dat er successierecht betaald moet worden, wordt een aangiftebiljet gestuurd.
Als de Belastingdienst niet zeker weet of het sturen van een aangiftebiljet zin heeft, ontvangen de erfgenamen vaak eerst een inlichtingenformulier. Krijgt u geen biljet en vermoedt u dat u successierecht moet betalen, dan moet u het biljet zelf aanvragen bij de belastingeenheid van de erflater.
U moet het biljet binnen acht maanden na het overlijden invullen en opsturen naar de belastingeenheid van de overledene. Heeft u meer

tijd nodig, dan kunt u uitstel vragen. In principe moet elke verkrijger een biljet invullen, maar alle verkrijgers kunnen ook een gezamenlijke aangifte doen. Ook kunt u een derde, bijvoorbeeld een notaris of een belastingconsulent, machtigen dit voor u te regelen. U kunt bij de aangifte een woonplaats kiezen in Nederland. Dit is van belang voor het toezenden van stukken.
In par. 5.8 gaan we gedetailleerd op het aangiftebiljet in.

5.3 Waarde van de erfenis

Voor we ingaan op de vrijstellingen voor en de tarieven van het successierecht moet u weten hoe de waarde van een verkrijging of van bezittingen en schulden wordt vastgesteld. Want hoe lager de waarde van bijvoorbeeld bezittingen, des te minder belasting er verschuldigd kan zijn.
Voor die fiscale waardebepaling gelden regels. In het algemeen moet voor de waarde van een verkrijging de waarde in het economische verkeer worden genomen, en wel op het moment van overlijden. Dat betekent dat u moet uitgaan van de waarde die u er bij vrije verkoop (door de hoogstbiedende) voor zou kunnen krijgen. Eventuele verkoopkosten, bijvoorbeeld taxatiekosten, mogen hierop niet in mindering worden gebracht.
Soms gelden er speciale waarderingsregels, zoals bij de verkrijging van een vruchtgebruik, of voor effecten waarvan de waarde gesteld wordt op de slotnotering in de officiële prijscourant op de dag voor de verkrijging. Om tot een juiste waardevaststelling van bepaalde zaken te komen, kan een taxatie nodig zijn.
Voor bepaalde zaken is het mogelijk met de Belastingdienst een zogenoemde minnelijke waardering overeen te komen. De waarde kan dan door twee deskundigen, één van uw kant en één van de zijde van de fiscus, vooraf worden vastgesteld.

5.4 Wijzigingen in de Successiewet per 2002

Begin 2000 heeft een werkgroep onder leiding van prof. mr. J. K. Moltmaker een rapport over de modernisering van de successiewetgeving aangeboden aan de staatssecretaris van Financiën. De regering zal mogelijk suggesties overnemen in een nieuwe Successiewet, maar volledige vernieuwing zal in verband met nader onderzoek nog even duren.
Wel zijn per 2002 al enkele zeer belangrijke wijzigingen ingevoerd.

5.4a Vrijstelling partner verhoogd

Als een echtgenoot (niet van tafel en bed gescheiden) erft van de overleden partner, had deze vóór 2002 een vrijstelling tot een bedrag van ongeveer €272.000. Nadien is deze vrijstelling flink verhoogd en hij bedraagt in 2008 €523.667.

Dezelfde regeling geldt voor geregistreerde partners, die ook als gehuwden worden beschouwd.

Niet-geregistreerd samenwonenden kunnen van dezelfde vrijstelling gebruikmaken, maar uitsluitend als ze aan de volgende voorwaarden voldoen.

- Of ze hebben voorafgaand aan het overlijden ten minste vijf jaar aaneengesloten na hun 22e jaar een gemeenschappelijke huishouding gehad (met eventueel kinderen tot 27 jaar). Als de samenleving korter heeft geduurd, geldt een lagere vrijstelling (zie tabel 2).
- Of (en dat is per 2002 nieuw ingevoerd):
  - ze hebben voorafgaand aan het overlijden ten minste zes maanden aaneengesloten na hun 18e jaar een gemeenschappelijke huishouding gehad (voor schenkingen overigens twee jaar);
  - gedurende die tijd moet men op hetzelfde adres bij de gemeente ingeschreven hebben gestaan;
  - de wederzijdse zorgverplichting moet in een officieel samenlevingscontract bij de notaris zijn vastgelegd;
  - samenwonenden moeten bovendien (voor zover mogelijk) gedurende de laatste vijf jaar voor het overlijden van de partner gekozen hebben voor het fiscale partnerschap bij de aangifte inkomstenbelasting. *Let op*: samenwonende bloedverwanten in de rechte lijn (zoals (groot)ouders en (klein)kinderen), komen niet in aanmerking voor het successiepartnerschap.

Jonge samenwonenden (tot 22 jaar) en kort samenwonenden kunnen dus sinds 2002 ook voor een hoge vrijstelling voor het successierecht in aanmerking komen, mits ze aan de strenge voorwaarden voldoen. Onder meer is dus een notarieel samenlevingscontract vereist; iets waar deze samenwonenden echt over moeten nadenken. Bovendien zullen ze, willen ze de volledige vrijstelling voor het successierecht niet mislopen, bij de aangifte inkomstenbelasting telkens moeten kiezen voor het fiscale partnerschap.

5.4b Andere wijzigingen

Naast de flinke wijzing in de vrijstelling voor partners is ook de vrijstelling voor verre verwanten en niet-verwanten per 2002 structureel omhoog gegaan: vóór 2002 ongeveer €775 en in 2008 €1942.

Een ander belangrijke wijziging uit 2002 is dat voor naaste verwanten die tot het overlijden met de erflater in de woning woonden, de speciale waardering voor de verkrijging van een geërfde eigen woning op 60% van de vrije verkoopwaarde is vervallen.
Bovendien moet ondernemingsvermogen sindsdien inclusief *goodwill* worden gewaardeerd.

5.5 Vrijstellingen

Over een erfenis hoeft u niet altijd successiebelasting te betalen. Er gelden namelijk vele soorten vrijstellingen. De vrijstellingen voor 2008 vindt u in tabel 2. Ze zijn afhankelijk van uw relatie met de erflater. De bedragen worden in principe ieder jaar wat verhoogd.
Let op: als gehuwden – niet van tafel en bed gescheiden – elk erven, gelden zij als één persoon en worden hun verkrijgingen dus samengeteld. Voor de toepassing van vrijstellingen en het tarief geldt de meest nauwe verwantschap. Aanverwantschap (bloedverwanten van de echtgenoot) wordt gelijkgesteld aan eigen bloedverwantschap.
Ook na ontbinding van een huwelijk geldt dit nog, maar alleen als het huwelijk door overlijden is ontbonden.

Tabel 2 Vrijstellingen successierecht 2008

Echtgenoot/geregistreerd partner	€523.667[1)]
Ten minste vijf jaar na zijn 22e jaar samenwonende partner in een twee-relatie (d.w.z. met geen ander dan de erflater en eventuele kinderen jonger dan 27 jaar):	€523.667[1)]
• in een meer-dan-twee-relatie	€261.836[2)]
• na vier jaar samenwonen voor beide groepen	€209.465
• na drie jaar	€157.098
• na twee jaar	€104.729
Ten minste zes maanden na zijn 18e jaar samenwonende partner mits met notarieel samenlevingscontract en voldoend aan overige voorwaarden (zie par. 5.4a)	€523.667[1)]
Kind jonger dan 23 jaar[3)]	
• voor elk jaar dat het kind jonger is dan 23 jaar	€4.479[4)]
• maar ten minste	€10.150
• voor een invalide kind[5)] ten minste	€13.429

Kind van 23 jaar en ouder[3)]	€10.150
• maar alleen als de erfenis niet hoger is dan de drempel van €26.852; anders is alles belast	
• voor een invalide kind[5)] of kind ouder dan 60 jaar[5)]	€10.150
Ouder(s)[6)] (als ze geen beroep op de samenwoonvrijstelling kunnen doen)	€44.752[4)]
Bloedverwant in de rechte lijn, bijv. kleinkinderen, grootouders etc.	€10.150
• maar alleen als de erfenis niet hoger is dan dit bedrag; anders is alles belast	
Kerkelijke/levensbeschouwelijke, culturele, wetenschappelijke, charitatieve of algemeen nut beogende instelling in Nederland mits de verkrijging	
• van algemeen belang is:	belastingvrij[7)]
Een aangewezen museum met een collectie van nationaal of regionaal cultureel belang (bij erfenis zonder opdracht of met een opdracht die het algemeen belang dient)	belastingvrij
Staat, provincie of gemeente (bij erfenis zonder opdracht of met een opdracht die het algemeen belang dient)	belastingvrij
Anderen:	
• voor wie niet tot een van de bovengenoemde categorieën behoort	€1.942

1) Op deze vrijstelling komt in mindering de helft van de waarde van ten gevolge van het overlijden verkregen aanspraken op pensioenen, lijfrenten en periodieke uitkeringen bij overlijden (maar de vrijstelling blijft ten minste €149.622).
2) Op deze vrijstelling komt in mindering de helft van de waarde van ten gevolge van het overlijden verkregen aanspraken op pensioenen, lijfrenten en periodieke uitkeringen bij overlijden (maar de vrijstelling blijft ten minste €74.817).
3) Als eigen kind geldt ook een kind waarover men het (gezamenlijk) gezag heeft of heeft gehad; een pleegkind moet dan wel ten minste gedurende een aaneengesloten periode van vijf jaar vóór zijn of haar 21^e^ jaar (of eerder trouwen) door de erflater zijn onderhouden en opgevoed.
4) Op deze vrijstelling komt in mindering de gehele waarde van ten gevolge van het overlijden verkregen aanspraken op pensioenen, lijfrenten en periodieke uitkeringen bij overlijden (maar de vrijstelling blijft voor kinderen onder de 23 jaar ten minste €10.150; invalide kinderen ten minste €13.429 en voor een ouder €8952).
5) Het kind moet wel voor ten minste 50% door de erflater zijn onderhouden.
6) Als de ouders gehuwd zijn, geldt de vrijstelling voor hen samen, dus niet per ouder.
7) Mits de instelling een ANBI-verklaring van de Belastingdienst heeft (te vinden op www.belastingdienst.nl). ANBI staat voor algemeen nut beogende instelling.

5.5a Bijzondere vrijstellingen

Er zijn ook bijzondere vrijstellingen. Zo geldt voor eventueel na overlijden nog doorbetaald loon een vrijstelling tot maximaal driemaal het laatste maandloon.

Ook vrijgesteld zijn de ten gevolge van overlijden verkregen waarde van:

- aanspraken op pensioen (niet AOW en Anw);
- lijfrenten;
- periodieke uitkeringen bij overlijden.

Bij de lijfrenten gaat het alleen om lijfrenten waarvoor in de inkomstenbelasting(recht op aftrek van premies bestaat.
Periodieke uitkeringen bij overlijden betreffen de als werknemer verkregen aanspraken ter vervanging van gederfd of te derven loon, die ingaan bij het overlijden van de (ex-)werknemer en toekomen aan de (gewezen) echtgenoot of (gewezen) duurzaam samenwonende partner of kinderen jonger dan 30 jaar.
Verder geldt ook voor een verkrijging door een zogenoemde natuurlijke verbintenis (een morele verplichting) een bijzondere vrijstelling.

5.5b Bekijk de vrijstellingen nog eens

Als u de vrijstellingen nog eens goed nagaat, zult u zien dat een echtgenoot (inclusief geregistreerde partner) een grote vrijstelling heeft (weliswaar komt de helft van de waarde van nagelaten pensioenen en dergelijke in mindering). Dat geldt ook voor een ten minste vijf jaar gewoon samenwonende partner en onder strenge voorwaarden ook voor een ten minste zes maanden gewoon samenwonende partner.
Als de waarde van de nalatenschap onder de genoemde vrijstelling blijft, hoeft er dus geen successierecht over de erfenis betaald te worden.
Voor samenwonenden die niet in een van bovengenoemde groepen vallen, is er geen enkele vrijstelling (behalve bij ten minste twee jaar na hun 22e jaar samenwonenden) en geldt het nadeligste tarief, en dat is behoorlijk hoog (zie tabel 3).
Voor jonge kinderen geldt een relatief hoge vrijstelling (wel minus eventuele pensioenen), maar kinderen van 23 jaar en ouder komen er al veel bekaaider af. De vrijstelling vervalt zelfs als de verkrijging boven de drempel uitkomt. Voor anderen is de vrijstelling helemaal gering. Als de erfenissen ver boven de vrijstelling zullen komen, wordt het des te belangrijker hiermee rekening te houden en er desgewenst tijdig wat aan te doen (zie ook onze uitgave *Slim nalaten en schenken*).

5.6 Tarieven successierecht

De tarieven voor het schenkings- en successierecht zijn gelijk.
Ze worden elk jaar aangepast en ze worden hoger naarmate de verkrijging of erfenis groter is en u minder verwant bent aan de erflater. Zie voor

meer informatie tabel 3, waarin de tarieven voor 2008 zijn opgenomen. In de eerste kolom staan de van/tot-bedragen van de belaste verkrijging (dat wil zeggen de verkrijging minus de vrijstelling), daarna het successierecht dat bij de ondergrens van die schijf hoort, met daarachter het percentage dat geldt voor alles wat binnen die schijf boven die ondergrens valt.

Tabel 3 Tarieven successierecht 2008

Gedeelte van de belaste verkrijging			Indien geërfd wordt door:					
			I. echtgenoot, kinderen, afstammelingen in tweede of verdere graad, of samenwonenden[1]		II. broers, zusters, bloedverwanten in de rechte opgaande lijn		III. andere verkrijgers, uitgezonderd 'goede doelen'[4]	
Tariefschijven			Bedrag[2]	%[3]	Bedrag[2]	%[3]	Bedrag[2]	%[3]
0	-	22.382	0	5	0	26	0	41
22.382	-	44.758	1.119	8	5.819	30	9.176	45
44.758	-	89.504	2.909	12	12.531	35	19.245	50
89.504	-	178.999	8.278	15	28.192	39	41.618	54
178.999	-	357.987	21.702	19	63.095	44	89.945	59
357.987	-	894.948	55.709	23	141.849	48	195.547	63
894.948		en het hogere bedrag van de belaste verkrijging	179.210	27	399.590	53	533.832	68

1) Voor afstammelingen in de tweede of verdere graad bedraagt de belasting het ingevolge deze kolom verschuldigde, vermeerderd met 60% daarvan
2) Verschuldigde belasting over beginbedrag tariefschijf
3) Percentage verschuldigde belasting over het meerdere in de tariefschijf
4) Goede doelen zijn kerkelijke, levensbeschouwelijke, charitatieve, culturele, wetenschappelijke of algemeen nut beogende instellingen: deze hoeven geen belasting te betalen over hun verkrijging mits ze een zogenoemde ANBI-verklaring (ANBI = Algemeen Nut Beogende Instelling) van de Belastingdienst hebben (zie www.belastingdienst.nl).

5.6a Voorbeelden van een successieberekening

Nu u zowel de vrijstellingen als de tarieven voor het successierecht (van 2008) weet, laten we u aan de hand van drie voorbeelden zien hoe u de door de erven te betalen belasting kunt berekenen.

Voorbeeld 1

U bent alleenstaand en heeft één zoon van 25 jaar. Uw eigen vermogen bedraagt €100.000. Als u overlijdt, erft uw kind alles. Zijn vrijstelling is nihil, want de erfenis komt boven het drempelbedrag van €26.852 (zie tabel 2). Dat betekent dat uw zoon successierecht moet betalen over de volledige erfenis. Voor het tarief valt hij in groep 1 en in die kolom in tabel 3 kunt u lezen dat hij €8278 + 15% van (€100.000 – €89.504) = €9852 moet betalen.

Voorbeeld 2

U bent alleenstaand en heeft twee kinderen: een zoon van 25 en een dochter van 21 jaar. Uw eigen vermogen bedraagt €100.000. Als u overlijdt, erven uw beide kinderen alles. Elk kind krijgt dus €50.000. Uw zoon van 25 heeft geen vrijstelling, uw dochter van 21 (die twee jaar jonger is dan 23) heeft recht op een vrijstelling van 2 x €4479 = €8958 (de minimumvrijstelling is overigens €10.150). Uw dochter moet successierecht betalen over €50.000 – €10.150 = €39.850.
Uw zoon van 25 jaar moet betalen €2909 + 12% van (€50.000 – €44.758) = €3538.
Uw dochter van 21 jaar moet betalen €1119 + 8% van (€39.850 – €22.382) = €2516.
Samen dus €6054.

Voorbeeld 3

U bent getrouwd in gemeenschap van goederen en u heeft twee kinderen: één van 25 en één van 21 jaar. Uw gezamenlijke vermogen is €200.000.
Als u overlijdt, is uw nalatenschap €100.000 omdat u in gemeenschap van goederen gehuwd was. De andere helft is natuurlijk al eigendom van uw echtgenoot. Uw nalatenschap van €100.000 erft uw echtgenoot, maar uw kinderen krijgen wel voor hun wettelijk deel (elk éénderde van die €100.000) een vordering op uw echtgenoot.
Uw echtgenoot erft dus €100.000 minus een schuld aan de beide kinderen (samen €66.666). Daarover hoeft hij of zij geen successierecht te betalen, want dit bedrag van €33.333 valt onder de vrijstelling van de echtgenoot.
Uw beide kinderen erven elk een vordering op uw echtgenoot, de langstlevende ouder, van €33.333. Het kind van 25 jaar heeft geen vrijstelling, want de erfenis is hoger dan de drempel. Het successierecht voor dit kind bedraagt €1119 + 8% van (€33.333 – €22.382) = €1995. Het kind van 21 jaar heeft recht op een vrijstelling van €10.150. Dit kind moet dus successierecht betalen over €23.183. Dat komt neer op €1119 + 8% van (€23.183 – €22.382) = €1183.
In totaal moeten de kinderen dus samen €3178 aan belasting betalen.

5.7 Besparen op successierecht

Besparen op (door erfgenamen bij uw overlijden te betalen) successierecht gaat natuurlijk het makkelijkst door weinig te laten vererven. U

geniet zo veel mogelijk van uw vermogen en gebruikt het voor uzelf. Er blijft voor uw erfgenamen dan weinig over en ze hoeven navenant weinig of geen successierecht te betalen.
Als u niet voor deze drastische methode kiest en uw erfgenamen wel een flink vermogen uit uw nalatenschap zullen krijgen, kan het geen kwaad al eens na te denken over de successierechten die zij dan aan de fiscus moeten betalen.
Om die successierechten te beperken, zou u bijvoorbeeld tijdens uw leven schenkingen kunnen doen. Wat u namelijk al weggegeven heeft, kan niet meer in uw nalatenschap vallen en daarover hoeft dus geen successierecht meer te worden betaald. U moet dan wel bedenken dat u hetgeen u schenkt, kwijt bent. Dat is een afweging die alleen u kunt maken.
Bekijkt u eerst nog eens de vrijstellingen voor het successierecht. Hiervoor heeft u kunnen lezen dat er een volledige vrijstelling geldt voor echtgenoten en voor ten minste zes maanden samenwonenden met een notarieel contract, die ook aan de andere voorwaarden voldoen. Voor jonge kinderen is de vrijstelling zo slecht nog niet (al komen eventuele pensioenen hierop – deels – in mindering). Voor anderen, onder wie vooral oudere kinderen, zijn de vrijstellingen voor het successierecht zeer magertjes. Kijk vervolgens nog eens naar de tarieven die de erven zullen moeten betalen. Vooral voor verkrijgers in groep 2 of 3 zijn die hoog.
Denkt u dat bij leven schenken gunstiger uitpakt, dan moet u dat wel handig aanpakken, bij voorkeur zodanig dat de schenkingen onder de vrijstellingen voor het schenkingsrecht vallen (moet er wel schenkingsrecht worden betaald, dan gelden hiervoor dezelfde tarieven als voor het successierecht).
Voor ouders/kinderen ligt de vrijstellingsgrens in 2008 op maximaal €4479 per jaar per kind. En als uw kind (of zijn of haar echtgenoot) tussen 18 en 35 jaar oud is, kunt u zelfs – eenmalig – €22.379 belastingvrij schenken. Als u van deze laatste mogelijkheid gebruik wilt maken, moet u daarvan aangifte doen bij de Belastingdienst van de schenker.
Aan andere personen kunt u slechts €2688 per jaar belastingvrij schenken. Schenkt u aan een algemeen nut beogende instelling, dan kunt u dit volledig belastingvrij doen mits de instelling een zogenaamde ANBI-verklaring van de Belastingdienst heeft. ANBI staat voor algemeen nut beogende instelling. Dit kunt u nakijken op de website van de Belastingdienst. Zo'n gift aan een ANBI kunt u ook nog als aftrekpost bij de aangifte inkomstenbelasting opvoeren.

5.8 Afwikkeling belastingzaken van de overledene

In deze paragraaf geven we informatie over het doen van een aangifte successierecht in de praktijk. Doorgaans krijgen de verkrijgers van de Belastingdienst een aangiftebiljet toegezonden, anders kunt u het aanvragen op het belastingkantoor waar u onder valt. Ieder kan apart aangifte doen, maar het is ook mogelijk één aangifte te doen voor meerdere verkrijgers. We nemen eerst het aangiftebiljet met u door. Daarna bespreken we de mogelijke gevolgen voor de inkomstenbelasting van de erflater en de erfgenamen.

5.8a Het aangiftebiljet voor het recht van successie

Het aangiftebiljet voor het recht van successie is een uitgebreid formulier waarop u veel moet invullen. Op de voorpagina (zie Bijlage IV in dit boek) moet een woonplaats worden gekozen en moeten degenen die aangifte doen hun naam, datum en handtekening plaatsen. Daarna volgt een aantal vragen. Bij sommige vragen moet u bijlagen invullen die u in de toelichting op het biljet aantreft.

De vragen 1 en 2 betreffen de persoonlijke gegevens van de overledene en zijn persoonlijke omstandigheden. Als de overledene samenwoonde met huisgenoten moet bijlagemodel A worden ingevuld.

Bij vraag 3 geeft u aan of de overledene een testament of een codicil heeft gemaakt.

De vragen 4, 5 en 6 betreffen gegevens over het nagelaten vermogen. Zo moet u onder meer de waarde van bezittingen van de overledene invullen: van een eventuele onderneming, een eigen woning, overige onroerende zaken, bank- en girotegoeden, effecten, vorderingen, contant geld en roerende zaken als voer- en vaartuigen, meubilair, sieraden en antiek, enzovoort. Voor bepaalde bezittingen moet u bijlagen invullen.

Bij vraag 7 vult u gegevens over schulden van de overledene in: hypotheekschulden, belastingschulden en overige schulden (bijvoorbeeld aan de kinderen bij een ouderlijke boedelverdeling na overlijden van de eerste ouder). Soms zijn bijlagen vereist.

Vraag 8 is een samenvatting van de vragen over bezittingen en schulden, maar nu moet u voor beide aangeven of ze in een eventuele huwelijksgemeenschap van de overledene vielen of tot zijn privévermogen behoorden. Dit leidt tot een saldo van bezittingen minus schulden voor beide categorieën.

Bij vraag 9 berekent u het saldo van de nalatenschap: het eigen vermogen van de erflater en de helft van het vermogen van een eventuele huwelijksgemeenschap. Hier trekt u begrafenis- of crematiekosten van af

en u houdt het (fiscaal) zuivere saldo van de nalatenschap over. Voorbeelden van aftrekbare kosten zijn kosten van kerkdiensten, rouwadvertenties, uitvaartdienst, grafrechten, grafbedekking en dankbetuigingen. Niet-aftrekbare kosten zijn onder meer notariskosten, executeursloon, taxatiekosten, verkoopkosten, grafonderhoud en successierecht.
Bij vraag 10 geeft u aan of de erflater legaten of bevoordelingen door lasten heeft gemaakt en bij vraag 11 houdt u dan het bedrag over dat resteert voor de erfgenamen.
Vraag 12 handelt over pensioenrechten verkregen door het overlijden, niet zijnde AOW of AWW/Anw.
Vraag 13 betreft de zogenoemde fictieve verkrijgingen.
Vraag 14 is een lastige; zo moet u onder meer aangeven of de overledene vermogen in vruchtgebruik had, of door het overlijden periodieke uitkeringen eindigen of overgaan op iemand anders en of er door de overledene schenkingen zijn gedaan die onder het schenkingsrecht vallen (dus niet voor zover deze onder een vrijstelling vallen, behalve voor de eenmalig hoge kindsvrijstelling).
Bij vraag 15 vult u alle verkrijgers in; hetzij erfgenamen met ieders erfdeel, hetzij legatarissen (degenen die een legaat hebben gekregen)met de waarde van hun legaat.
Vervolgens is er nog ruimte voor een nadere toelichting. Die toelichting kan belangrijk zijn. U moet bijvoorbeeld vermelden of er een erfgenaam is die beroep doet op zijn legitieme portie of zijn verkrijging verwerpt. En ook of er eventueel in een ander land al successierecht is betaald; in dat geval kunt u recht hebben op een tegemoetkoming.
De inspecteur stelt de aangiftetermijn vast, maar wel zodanig dat deze binnen acht maanden na het overlijden ligt.
Nadat u aangifte heeft gedaan, heeft de inspecteur daarover wellicht nog vragen. Meestal stuurt hij dan een briefje waarin u wordt verzocht het een en ander te verduidelijken.
Als de inspecteur uw aangiftebiljet bekeken heeft en eventuele vragen beantwoord zijn, zal hij u de aanslag successierecht opleggen. Dat gebeurt meestal ongeveer drie maanden na aangifte. In de praktijk staat op één aanslagbiljet de totale belasting vermeld, met een specificatie hoeveel elke verkrijger moet voldoen. In principe moet de aanslag binnen twee maanden na dagtekening worden betaald.
De inspecteur mag een aanslag slechts vaststellen tot drie jaar na de dag van inschrijving van de akte van overlijden (van erflater, schenker of begiftigde) of tot drie jaar nadat stukken betreffende het overlijden de inspecteur ter kennis zijn gekomen. Voor deze termijn telt niet mee de periode waarin de belastingplichtige niet in Nederland woonde.

5.8b Afwikkeling inkomstenbelasting van de overledene

Een overlijden betekent dat de erven niet alleen met het successierecht te maken krijgen. Vaak moet er ook een (laatste) aangifte inkomstenbelasting worden gedaan. Nog even voor de duidelijkheid: successierecht heeft met een vermogensovergang te maken, terwijl inkomstenbelasting alleen te maken heeft met inkomsten, bijvoorbeeld die later uit een erfenis volgen.
Als er vóór het overlijden aangiften inkomstenbelasting werden gedaan, stuurt de Belastingdienst zelf een biljet. Zo niet, dan moeten de nabestaanden door middel van het zogenoemde F-biljet aangifte doen. U kunt dit biljet opvragen bij de Belastingeenheid Particulieren bij het belastingkantoor in uw woonplaats of regio.
Welke inkomsten horen bij wie? De inkomsten van de erflater tot zijn overlijden worden natuurlijk aan hem toegerekend; hetzelfde geldt voor daarna nog te ontvangen looninkomsten.
Andere inkomsten na het overlijden (bijvoorbeeld uit het vermogen) worden in beginsel bij de erfgenamen belast. Dat geldt ook als de boedel nog niet verdeeld is; het gaat dan om uw aandeel daarin.
Krijgt de nabestaande een eenmalige uitkering van de werkgever van de overledene, dan is deze belastingvrij als het bedrag niet hoger is dan driemaal het laatste maandloon.

5.8c Aftrekposten rond een overlijden

Wie als naaste verwant kosten heeft gehad die direct een gevolg zijn van het overlijden, kan deze kosten (in het jaar van betaling) meetellen bij de buitengewone uitgaven als kosten van ziekte, invaliditeit, bevalling, adoptie en overlijden. Dat kan echter alleen als het gaat om het overlijden van de belastingplichtige zelf, zijn partner of zijn kinderen die jonger dan 27 jaar zijn (dus bijvoorbeeld niet bij overlijden van een ouder)
Buitengewone uitgaven zijn in beginsel slechts aftrekbaar voor zover ze op u drukken (dat wil zeggen dat u ze niet op een ander kunt verhalen, bijvoorbeeld op andere erfgenamen). De Belastingdienst heeft echter goedgekeurd dat overlijdenskosten (en kosten van de laatste ziekte) ook aftrekbaar zijn als u ze zou kunnen betalen uit de nalatenschap of uit een verzekeringsuitkering (behalve als die specifiek bedoeld is voor de begrafenis of crematie).
Voor aftrek van buitengewone uitgaven moet wel een zogenoemde drempel worden overschreden voordat het meerdere echt in mindering op uw inkomen kan komen. Voor de meeste belastingplichtigen is de drempel 1,65% van het verzamelinkomen (inkomen uit alle boxen samen) van uzelf en uw eventuele partner.

Enkele voorbeelden van dergelijke aftrekbare posten in verband met overlijden, zijn kosten van:

- reizen voor bijwonen begrafenis, crematie;
- telefoon;
- advertenties;
- uitvaartdienst;
- rouwkaarten en bidprentjes;
- huur van de opbaringsruimte;
- huur van gelegenheidskleding;
- vervoer van de overledene;
- teraardebestelling/crematie;
- bloemen of krans;
- grafbedekking;
- eenvoudige maaltijd of koffietafel;
- dankbetuigingen;
- grafrechten, aankoop graf (ook dubbel, mits niet verkoopbaar).

Rechtszaak over aftrekpost

Een vader verloor zijn dochter. Ze werd thuis opgebaard en daar bezochten ongeveer 600 mensen haar. Enkele personen hielpen de vader hierbij. Na afloop gaf hij deze personen kleine geschenken voor hun hulp en bijstand. De totale kosten van zo'n €1000 voerde hij op als aftrekpost bij de belastingaangifte. De inspecteur weigerde en de vader stapte naar de rechter. Die oordeelde dat hij de kosten mocht aftrekken omdat de uitgaven in rechtstreeks verband stonden met het overlijden. Ook in hoger beroep won de vader. (Hof A'dam, 2-10-2006, nr. 06/00037)

Niet aftrekbaar zijn kosten van grafonderhoud, het lezen van missen (met uitzondering van de uitvaartmis), taxatiekosten, successierechten en notariskosten.

Tijdens leven zijn de betaalde premies voor een begrafenisfonds of crematieverzekering aftrekbaar als de polis geen mogelijkheid tot afkoop bevat en de uitkering uitsluitend kan worden gebruikt om de uitvaart te bekostigen of in natura is, terwijl er geen mogelijkheid bestaat dat premies worden terugbetaald.

Tot slot noemen we de reis- en verblijfkosten (dit laatste niet als bij verwanten wordt gelogeerd) die gemaakt zijn voor een eenmalig verre reis naar een ernstig zieke, in het buitenland verblijvende partner of kind jonger dan 27 jaar, bedoeld als laatste afscheid. Deze kosten zijn aftrekbaar in het jaar waarin ze zijn gemaakt. Als u na het overlijden ook naar de

begrafenis of crematie gaat, kunt u de kosten van beide reizen aftrekken. Als u meer aan overlijdenskosten heeft uitgegeven dan eigenlijk voor uw rekening komt, kunt u deze ook aftrekken als u daartoe een dringende morele verplichting voelde. Deze wordt aanwezig geacht als u voorafgaande aan het overlijden met de overledene gehuwd was of als samenwonende gekozen had voor het fiscaal partnerschap. Of als u met uw kind (jonger dan 27 jaar) ten minste zes maanden voor het overlijden een gemeenschappelijke huishouding voerde (noodzakelijke opname in een verpleeghuis doet daaraan niet af). U mag de kosten dan uiteraard niet op andere erfgenamen verhalen.
U moet de aftrekposten in eerste instantie aftrekken van uw belastbaar inkomen in box 1. Is dat niet voldoende, dan is box 3 aan de beurt en vervolgens box 2. Is ook dat niet voldoende, dan schuift de aftrek door naar volgend jaar.
Let op: de aftrekregeling buitengewone uitgaven wordt per 2009 grondig gewijzigd of zelfs afgeschaft. Die zou dan alleen nog gebruikt kunnen worden door chronisch zieken.

5.9 Andere gevolgen op fiscaal gebied

Voor de inkomstenbelasting zijn gehuwden (mits niet duurzaam gescheiden levend) en geregistreerde partners ook fiscale partners; ongehuwd samenwonenden kunnen daar onder voorwaarden voor kiezen. Het fiscale partnerschap biedt diverse keuzemogelijkheden.
Een gevolg van een overlijden kan zijn dat het fiscale partnerschap niet meer mogelijk is. Dat kan financiële consequenties hebben. In het jaar van overlijden kan een gehuwde nabestaande nog kiezen om voor dat jaar fiscaal partner te blijven.
Een samenwonende kan kiezen voor het partnerschap als de samenwoning in een jaar ten minste zes maanden heeft geduurd. Als dit door het overlijden van een van de partners niet gehaald wordt, mag in dat jaar toch nog voor het partnerschap worden gekozen, mits men dat in het voorgaande jaar ook heeft gedaan.
Waar vóór 2001 de tariefgroep van de overblijvende partner na een overlijden kon veranderen, kan dat nu het geval zijn met de heffingskortingen. Door een wijziging van het inkomen kunt u bijvoorbeeld recht krijgen op een bepaalde korting. Ook is het mogelijk dat u door het overlijden alleenstaande ouder wordt, waardoor u recht kunt hebben op die korting. Heffingskortingen kunt u alleen echt benutten als er belaste inkomsten in de diverse boxen tegenover staan.

Als u die kortingen zelf niet volledig kunt benutten maar via uw partner nog wel, kan dit door het overlijden van die partner ook (ongunstig) wijzigen.
Komt door het overlijden van een partner een kapitaalverzekering eigen woning tot uitkering, dan wordt de vrijstelling in box 1 (per persoon maximaal €145.000, cijfer 2008) verhoogd met het bedrag dat de overleden partner nog niet heeft kunnen benutten.
In box 3 valt het vermogen van een belastingplichtige. Het vermogen bestaat uit al zijn bezittingen en schulden. Waren die eerst nog van de overledene, na het overlijden zullen de erfgenamen ze moeten opgeven (zolang de boedel nog niet verdeeld is ieder voor zijn aandeel). Voor bepaalde bezittingen gelden in elk geval vrijstellingen, zoals voor de normale inboedel, een auto, kunst (mits geen belegging) en groene beleggingen (tot ruim €54.000 per persoon).
Verder geldt in box 3 voor iedereen een algemene vrijstelling of heffingvrij vermogen van €20.315 (cijfer 2008). Als u het gezag heeft over minderjarige kinderen komt daar nog €2715 per kind bij.
Ouderen vanaf 65 jaar kunnen – afhankelijk van hun vermogen in box 3 en hun inkomen in box 1 – recht hebben op een toeslag op hun vrije vermogen.
Het gemiddelde vermogen (boven de algemene vrijstelling) wordt geacht per jaar 4% rendement op te leveren, dat tegen een tarief van 30% wordt belast. De peildata voor het berekenen van het gemiddelde vermogen in een jaar zijn normaal gesproken 1 januari en 31 december. Bij overlijden geldt als einddatum de dag van overlijden. De 4%-norm wordt voor de erflater (de overledene) teruggebracht door het aantal hele maanden dat hij in leven was te delen door twaalf. Kiest u bij de belastingaangifte in het jaar van overlijden voor het hele jaar fiscaal partnerschap, dan geldt deze keuze niet voor box 3. Het vermogen van zowel u als de overledene moet worden aangeven in box 3.
Het is mogelijk dat u door een sterfgeval recht heeft op teruggave van belasting. Als u geen aangiftebiljet krijgt, kunt u daarvoor een T-biljet aanvragen bij de Belastingdienst. U kunt ook een voorlopige teruggaaf vragen als u van tevoren weet dat u aftrekposten heeft of recht op een heffingskorting. Dan krijgt u maandelijks al geld van de fiscus.
Bij een wijziging in uw persoonlijke situatie is het ook verstandig een nieuwe loonbelastingverklaring in te leveren bij uw werkgever of uitkeringsinstantie.

5.9a Belastingen van lagere overheden

Het is mogelijk dat u door of na het overlijden van de erflater nog be-

paalde belastingen van lagere overheden moet betalen, bijvoorbeeld omdat de rekening nog niet betaald is, of omdat de peildatum in een periode viel waarin de erflater nog leefde.
Door het overlijden van uw partner kan het ook zijn dat u in aanmerking komt voor andere tarieven. Neem bijvoorbeeld de verontreinigingsheffing. Als u alleen achterblijft, meld dat dan aan het waterschap. De heffing kan dan gebaseerd worden op één vervuilingseenheid, in plaats van drie. Zie ook par. 6.9c.
En raakt u door het overlijden een flink stuk inkomen kwijt, dan komt u wellicht in aanmerking voor kwijtschelding van belastingen. Zie ook par. 5.10d.

5.10 Over bezwaar, beroep, klachten en andere zaken

In deze paragraaf geven we informatie over algemene belastingzaken, zoals bijzondere aanslagen en de regels voor rente over belastingen. Verder leest u wat u kunt doen als u het niet eens bent met een aanslag. Tot slot leest u over de hardheidsclausule, uitstel van betaling, kwijtschelding en ambtshalve vermindering. Ook vertellen we waar u in laatste instantie terecht kunt met een klacht over de belasting.

5.10a Bezwaar en beroep

Kan de inspecteur van de Belastingeenheid zich in uw aangifte vinden, dan zal de aanslag overeenkomstig uw gegevens zijn. Het is echter ook mogelijk dat hij van uw aangifte is afgeweken. Als u het daarmee niet eens bent, dan kunt u bij de inspecteur bezwaar aantekenen. Dit bezwaarschrift moet wel binnen zes weken na de dagtekening van de aanslag door u zijn verzonden.
Het is natuurlijk van belang dat u uw bezwaar motiveert. Als u dat wenst, kunt u verzoeken om mondeling gehoord te worden. U kunt ook een verzoek tot vergoeding van de kosten indienen.
Ook een verkrijger die belang heeft bij de aan een andere verkrijger uit dezelfde nalatenschap opgelegde aanslag of verleende vermindering kan een bezwaarschrift indienen.
Na beoordeling van uw bezwaarschrift zal de inspecteur een uitspraak doen. Ook hiermee kunt u het niet eens zijn. U zult dan binnen zes weken na dagtekening van de uitspraak in beroep moeten gaan, dat wil zeggen dat u binnen deze periode uw beroepschrift moet hebben verzonden naar de rechtbank in uw regio. Welke rechtbank dat is, staat

vermeld op de achterzijde van de uitspraak. Motivering van het beroep is verplicht en ook moet u aangeven hoeveel lager het belastbare bedrag volgens u moet zijn.
U mag uw zaak zelf verdedigen bij de rechtbank; een advocaat of adviseur is niet verplicht. Wel moet u (op tijd!) griffierecht betalen, een vergoeding voor de kosten van de procedure. Dit recht bedraagt bij de rechtbank €39 (begin 2008). U krijgt het griffierecht terug als u geheel of gedeeltelijk gelijk krijgt of als de rechter dat beslist.
Een procedure bij de rechtbank kan een hele tijd in beslag nemen, maar uiteindelijk komt er een uitspraak. Die kan zowel gunstig als ongunstig voor u uitpakken. Als u het met de uitspraak niet eens bent, kunt u in hoger beroep gaan bij het gerechtshof.
Als ook de uitspraak van het hof ongunstig voor u is, rest er nog één mogelijkheid: het aantekenen van beroep in cassatie bij de Hoge Raad in Den Haag (het beroep moet u indienen bij het gerechtshof). U kunt echter alleen bij de Hoge Raad terecht met een klacht over vormfouten die volgens u door het gerechtshof zijn gemaakt, of met klachten over een verkeerde toepassing van de rechtsregels door het gerechtshof. Op feiten die al door het gerechtshof zijn vastgesteld, gaat de Hoge Raad niet meer in.
Zowel bij het gerechtshof als de Hoge Raad moet u weer (op tijd) het griffierecht betalen. Bij het gerechtshof mag u ook weer zelf zonder advocaat procederen, zowel met schriftelijke stukken als bij mondelinge toelichtingen en pleidooien.
Bij de Hoge Raad mag u ook zelf uw zaak schriftelijk verdedigen. Komt het echter op mondelinge pleidooien aan (of een vergelijkbare schriftelijke toelichting), dan is een procureur (een advocaat die bij de rechtsinstantie in de regio mag optreden) verplicht. Als de zaak ingewikkeld is, kan een belastingadviseur u goede diensten bewijzen.

5.10b Proceskostenvergoeding

Iedereen die van de belastingrechter gelijk krijgt, kan een vergoeding krijgen van de kosten van rechtsbijstand. De posten waarvoor u een vergoeding kunt krijgen, zijn:

1 kosten van rechtsbijstand, maar alleen als die door een derde beroepsmatig is verleend;
2 kosten van een getuige of deskundige;
3 reis- en verblijfkosten;
4 kosten van tijdverzuim;
5 kosten van uittreksels uit openbare registers, internationale faxberichten en internationale telefoongesprekken;
6 kosten van een wettelijk gemachtigd optreden van een arts.

Voor de onder 2 tot en met 5 genoemde posten gelden normbedragen. Voor de onder 1 genoemde kosten geldt een speciale regeling. Het bedrag wordt bepaald door de mate waarin uw hulpverlener (of arts) moest procederen (c.q. optreden) en door het financiële belang van uw zaak. Voor gewonnen bezwaarprocedures bestaat sinds kort ook een regeling. Hoewel de staatssecretaris van Financiën zich op het standpunt stelt dat een en ander nog in een overlegstadium verkeert waarbij vergoeding van gemaakte kosten niet aan de orde is, moet hij toch met een regeling komen.
U doet er verstandig aan uw verzoek tot vergoeding tegelijk met het bezwaarschrift in te dienen.

5.10c Uitstel van betaling

Indien u (tijdelijk) niet of slecht in staat bent uw belastingschuld te voldoen, kunt u bij de ontvanger uitstel van betaling vragen. Ook als u een bezwaar- of beroepsprocedure bent begonnen, kunt u voor het door u bestreden bedrag uitstel vragen. U bent dan doorgaans wel rente verschuldigd.
Uitstel kan verder mogelijk zijn als een sociaal-economisch of cultureel belang in gevaar zou komen, of als er veel ondernemingsvermogen wordt verkregen.

5.10d Kwijtschelding

Algemene kwijtschelding beperkt zich goeddeels tot aanslagen inkomstenbelasting en onroerendezaakbelasting.
Kwijtschelding voor aanslagen in verband met vermogen, zoals die voor schenkings- en successierecht, is slechts bij zeer hoge uitzondering mogelijk. Voordat u voor kwijtschelding in aanmerking kunt komen, moet aan allerlei formele en persoonlijke eisen zijn voldaan.
Er bestaan ook bijzondere kwijtscheldingsmogelijkheden, ex artikel 67 van de Successiewet. Een verzoek op basis hiervan kan iedereen indienen die het betreft, maar het verzoek kan ook voor een derde worden gedaan. De staatssecretaris van Financiën of een door hem gemachtigde beslist over het verzoek.
Het moet in elk geval gaan om een van de volgende gevallen:

- schenking aan een vereniging of stichting in Nederland die nagenoeg uitsluitend de bevordering van kunst of wetenschap ten doel heeft;
- schenking aan iemand ten behoeve van diens levensonderhoud omdat hij geen eigen bestaansmiddelen heeft en die wegens ouderdom, invaliditeit of om andere reden ook niet door arbeid kan verkrijgen;

- schenking aan iemand jonger dan 27 jaar ten behoeve van de kosten van studie of opleiding voor een beroep, die zonder die schenking niet gevolgd had kunnen worden;
- schenking ten algemeen nut voor Nederland, die aan een bepaald tijdstip of een bepaalde gebeurtenis is gebonden (bijvoorbeeld jubilea, stichting van bijzondere gebouwen, landelijke inzamelingsacties – bijvoorbeeld de Stichting Rampenfonds Aardbeving Limburg, de Actie Voor Afrika en de Stichting 'Afgedankt, maar niet vergeten' ten behoeve van ontslagen Daf-medewerkers).

Ten slotte kan de staatssecretaris nog kwijtschelding verlenen van het recht op verkrijgingen door buitenlandse publiekrechtelijke rechtspersonen, buitenlandse algemeen nut beogende instellingen enzovoort, en buitenlandse musea, alle voor zover het recht meer zou bedragen dan in Nederland.

Verder is het mogelijk successierecht in natura te betalen indien voorwerpen uit de nalatenschap met een nationaal cultuurhistorisch of kunsthistorisch belang door de verkrijger in eigendom worden overgedragen aan de staat.

Tot slot melden we nog dat er specifieke kwijtscheldingsfaciliteiten en regelingen voor uitstel van betaling zijn in verband met de verkrijging van ondernemingsvermogen.

In het kader van dit boek gaat het echter te ver om hierbij uitgebreid stil te staan. Raadpleeg voor nadere informatie uw belastingadviseur of notaris.

5.10e Ambtshalve vermindering aanslag

Als uw aanslag onherroepelijk vastligt omdat bezwaar- en beroepstermijnen zijn verstreken, kunt u, als u alsnog een fout ontdekt (of omdat bijvoorbeeld de verdeling van de nalatenschap nog is gewijzigd), de inspecteur ambtshalve vermindering vragen. Dit moet in principe binnen vijf jaar na het ontstaan van de belastingschuld gebeuren. Verlenging van deze termijn is soms mogelijk.

De inspecteur beslist zelf. Verder verleent hij op uw verzoek vermindering als een wijziging ontstaat in het verkregene of de verkrijgende persoon, bijvoorbeeld door een beroep op de legitieme portie, of door het vervullen van een voorwaarde voortkomend uit een recht dat al op het moment van overlijden of verkrijging bestond of is ontstaan.

5.10f Rente

Als u met het betalen van een aanslag de vervaldag van de enige of laatste betalingstermijn overschrijdt, wordt u rente in rekening gebracht

over het openstaande bedrag vanaf de dag na de vervaldag tot en met de dag van (een) betaling. Vergoeding van rente kan bij belastingen op aanslag aan de orde zijn als door een latere vermindering van de aanslag een (deel van het) op die aanslag betaalde bedrag wordt teruggegeven.
De rente wordt bij beschikking door de ontvanger vastgesteld. Hiertegen is bezwaar bij de ontvanger mogelijk, met daaropvolgend eventueel nog beroep bij het gerechtshof.
Let op: belastingvorderingen en -schulden tellen niet mee bij het vermogen in box 3. Betaalt u een belastingschuld voor het einde van het jaar, dan scheelt dat in uw gemiddelde vermogen voor dat jaar en ook voor het jaar daarop.

5.10g Hardheidsclausule

Belasting wordt geheven op basis van de wet; daarom moet de inspecteur de wet toepassen. Soms kan het strikt opvolgen van de regels echter tot grote onbillijkheid leiden.
Dan kunt u de staatssecretaris van Financiën vragen een billijker regeling te treffen. Hij kan dan, om een erg 'hard' geval te verzachten, de 'hardheidsclausule' toepassen. Dat kan hij alleen doen als het een onbillijkheid betreft die de wetgever bij het invoeren van de wet niet had voorzien. De hardheidsclausule kan bijvoorbeeld worden toegepast bij schenkingen tussen aanstaande of gewezen echtgenoten en bij schenkingen die erfgenamen doen aan personen op basis van een wens of toezegging van de erflater, die niet in een testament of codicil stond. Die toezegging of wens moet u dan wel kunnen aantonen.
In sommige gevallen zijn de belastinginspecteurs gemachtigd zelf de hardheidsclausule toe te passen, in het bijzonder wanneer te voorzien is dat het om een groep van gevallen gaat. Denk bijvoorbeeld aan bepaalde uitkeringen aan slachtoffers of nabestaanden van de Bijlmerramp.

5.10h Commissies voor de Verzoekschriften

Elke Nederlander heeft het recht een verzoekschrift te richten aan de volksvertegenwoordigers. Daartoe zijn zogeheten Commissies voor de Verzoekschriften in het leven geroepen, één voor de Tweede en één voor de Eerste Kamer. Ook op belastinggebied kan zo 'n verzoek worden ingediend. De verzoekschriften komen bij dezelfde griffier binnen (zie Adressen).
De commissie neemt alleen zaken in behandeling waarvoor een formele (rechterlijke) procedure niet mogelijk was. Veel verzoeken hebben dan ook betrekking op een niet-gehonoreerde kwijtschelding en in mindere

mate op een niet-gehonoreerde ambtshalve vermindering. Ook moet de commissie zich nogal eens buigen over een afwijzing op grond van de hardheidsclausule.
De procedure is ongeveer als volgt. Nadat u uw verzoekschrift bij de griffier van de desbetreffende commissie heeft ingediend, wint deze commissie inlichtingen in bij de staatssecretaris van Financiën en soms ook nog bij u. Van haar bevindingen brengt zij verslag uit aan de Kamer. Als zij daarbij van mening is dat u gelijk heeft, stelt de commissie de Kamer voor de staatssecretaris in overweging te geven u (alsnog) tegemoet te komen.
Kan de Kamer zich daarin vinden, dan zal de staatssecretaris normaliter aan dit verzoek gehoor geven, al is hij daartoe niet verplicht.
Weigert hij, dan wordt de zaak teruggetrokken of voor nader overleg met de regering doorgestuurd naar de Vaste Kamercommissie van Financiën, waarna Kamer en staatssecretaris op een of andere wijze tot een vergelijk moeten zien te komen.

5.10i Nationale ombudsman

De Nationale ombudsman (zie Adressen) heeft als taak een oordeel te geven over de gedragingen van ambtenaren van de overheid. Ook de belastinginspecteur valt hieronder.
De ombudsman oordeelt onder meer over toepassing van de hardheidsclausule, kwijtscheldingsbeleid en afhandelingstermijnen van de fiscus. U kunt niet bij hem terecht voor de inhoudelijke kant van een zaak of voor een zaak waarvoor u naar de belastingrechter kunt.
De Nationale ombudsman kan geen bindende beslissing nemen; hij stelt alleen een rapport op. De praktijk wijst echter uit dat zijn oordeel serieus wordt genomen. Inschakeling van de Nationale ombudsman is kosteloos.

5.10j Dubbele belasting

Het komt voor dat schenker en begiftigde, of erflater en erfgenaam, in verschillende landen wonen en er door beide landen schenkings- of successierecht wordt geheven.
Betekent dit dat u dan dubbel belasting moet betalen? Dat hangt ervan af. Is er tussen de landen een successieverdrag gesloten, dan zal er geregeld zijn welk land wat toekomt. Dit geldt voor Nederland met Zweden, Finland, Israël, Groot-Brittannië, Zwitserland, Oostenrijk en de Verenigde Staten.
Voor de Nederlandse Antillen geldt de Belastingregeling voor het Koninkrijk.

Voor alle andere landen kunt u zo nodig een beroep doen op het Nederlandse Besluit voorkoming dubbele belasting, waarbij de Nederlandse fiscus een bepaalde tegemoetkoming kan geven.

6 De administratieve afwikkeling

In hoofdstuk 1 en 4 heeft u al kunnen lezen over de meest spoedeisende zaken bij de afwikkeling van de nalatenschap. Maar er zijn meer zaken die geregeld moeten worden. In dit hoofdstuk bespreken we de belangrijkste.

6.1 Welke instanties moeten worden geïnformeerd?

U zult de gehele administratie van de overledene moeten doorlopen en verschillende maatregelen moeten treffen. Zo moeten vele instanties worden ingelicht over het overlijden.
Ingelicht moeten worden:

- banken;
- creditcardmaatschappij;
- beleggingsfondsen;
- kredietinstellingen;
- hypotheeknemer;
- werkgever;
- uitkeringsinstanties: uitvoeringsinstellingen werknemersverzekeringen zoals het UWV voor ondermeer de ZW, WW, WAO en WIA; Sociale Verzekeringsbank voor de volksverzekeringen Anw en AOW; en de Sociale Dienst van de gemeente voor de ABW;
- pensioenfonds of pensioenverzekeringsmaatschappij;
- verzekeringsmaatschappijen of assurantietussenpersonen;
- woningbouwvereniging of verhuurder;
- gemeente, in verband met gemeentelijke belastingen;
- waterschap, in verband met waterschapslasten;
- Rijksdienst voor het wegverkeer (RDW) en autoverzekeraar;
- verenigingen, in verband met lidmaatschappen;
- uitgeverijen, in verband met abonnementen;
- TNT Post;
- energie- en waterbedrijf;
- KPN Telecom.
- kabelbedrijf
- internetprovider

Al met al is dat een hele klus. Het is dan ook handig als de betrokken

gegevens op een rijtje staan. Een hulpmiddel kan het persoonlijk memorandum zijn. Dat biedt inzicht in allerhande persoonlijke, financiele en administratieve gegevens, eventuele wensen ten aanzien van de uitvaart en een adressenlijst.
Zeker wanneer u alleen woont, is een persoonlijk memorandum aan te bevelen. Een voorbeeld van een persoonlijk memorandum is opgenomen in de Bijlagen.
Zorg wel dat een dergelijk overzicht up-to-date blijft en kijk het regelmatig na.

6.2 Bank- en girorekeningen, creditcards

Banken moeten op de hoogte worden gebracht van een sterfgeval. Als dat niet gebeurt, kan hen niets worden verweten als er iets misgaat, bijvoorbeeld als periodieke overschrijvingen doorlopen of als een gevolmachtigde geld van de rekening opneemt.
U moet de bank schriftelijk melden dat een rekeninghouder is overleden. Vaak is daarvoor een formulier beschikbaar. De gegevens die u nodig heeft, zijn de personalia van de overledene, de overlijdensdatum, rekeningnummers, creditcardnummer enzovoort. Daarbij moet een afschrift van de akte van overlijden en een verklaring van erfrecht worden meegezonden. Tevens worden de naam en het adres van een contactpersoon gevraagd.
Hierna beschrijven we de handelwijze van de banken na een overlijden. Let wel, er zijn verschillen, onder andere bij periodieke overschrijvingen en automatische incassomachtigingen. Informeer dus goed bij uw eigen bank. De Postbank (zie Adressen) heeft een folder 'Handleiding voor nabestaanden' waarin de belangrijkste regels staan.

6.2a Rekening op eigen naam

Een rekening op eigen naam van de overledene wordt geblokkeerd. Dat betekent dat de erfgenamen geen geld van de rekening kunnen opnemen. Vaak kunnen nog wel betalingsopdrachten worden verwerkt die niet uitgesteld kunnen worden, bijvoorbeeld de kosten van de uitvaart.
Als er uitgaven zijn die te maken hebben met de voortzetting van het huishouden van de partner die achterblijft, kunt u het best contact opnemen met de bank om te bespreken of daarvoor geld kan worden opgenomen. Afgegeven volmachten voor bijvoorbeeld een partner of kind vervallen. Bij de meeste banken worden periodieke overschrijvingen stopgezet. Die zijn vaak afgegeven voor betaling van abonnementen en dergelijke.

Na een overlijden kunt u de bank vragen een overzicht te verstrekken van de periodieke overschrijvingen. De erfgenamen kunnen dan bekijken wat daarmee moet gebeuren.
Heeft de overledene incassomachtigingen afgegeven, bijvoorbeeld aan het energiebedrijf voor betaling van de energienota of aan de woningbouwvereniging voor betaling van de huur, dan gaan die meestal gewoon door. Wilt u ze stopzetten, dan moeten de betreffende instanties op de hoogte worden gesteld van het overlijden. Dat kan door een brief te sturen of met een rode kaart betreffende incassomachtigingen.
Die stuurt u aan de instantie aan wie de machtiging is afgegeven en die de machtiging bij uw bank int. De rode kaarten waarmee u een machtiging kunt stopzetten, zijn onder andere verkrijgbaar op het postkantoor.
De bank- of giropas, cheques en overschrijvingsformulieren kun u het best bij de bank inleveren of vernietigen.
Bewaar wel de bankafschriften van de overledene, want die kunt u nog nodig hebben bij de afwikkeling van de nalatenschap en de belastingzaken van de overledene.

Verklaring van erfrecht
Als de erfgenamen over de rekening van de overledene willen beschikken om geld op te nemen of rekeningen te betalen, is een verklaring van erfrecht vereist. Zodra deze is overlegd, wordt de rekening gedeblokkeerd.
Een verklaring van erfrecht is bij een laag saldo niet bij alle banken nodig. Dan kan soms worden volstaan met een afschrift van de akte van overlijden.
De erfgenamen kunnen de rekening opheffen of op een andere naam laten zetten.

6.2b En/of-rekening

Echtparen en samenwonenden hebben vaak een gemeenschappelijke rekening. De rekeninghouders kunnen zowel samen als ieder afzonderlijk beschikken over het saldo van de rekening. Als één van de rekeninghouders overlijdt, kan de andere rekeninghouder blijven beschikken over het geld; ook periodieke overschrijvingen gaan in de regel gewoon door. Wel moet de langstlevende de opdracht tot een periodieke overschrijving opnieuw verstrekken als die destijds door de overledene is afgegeven.
Bij de Postbank is expliciet bepaald dat een erfgenaam schriftelijk bezwaar kan maken tegen het gebruik van de en/of-rekening door de langstlevende. In dat geval worden opdrachten alleen uitgevoerd als

ze zijn ondertekend door de overgebleven rekeninghouder en de gezamenlijke erfgenamen.
Zodra de erfgenamen een verklaring van erfrecht hebben, kunnen zij over het saldo van de rekening beschikken. Zowel de mederekeninghouder als de erfgenamen kunnen dan geld opnemen en betalingen doen.

6.2c Creditcard

Wanneer de overledene gebruikmaakte van een creditcard, moet de creditcardmaatschappij of de bank of organisatie die de creditcard aanbiedt, worden ingelicht over het overlijden.
Betalingen die voor het overlijden zijn verricht, kunnen nog van de rekening worden afgeschreven. Als dat niet gebeurt, zijn het schulden van de nalatenschap.
Indien aan de creditcard kredietfaciliteiten waren verbonden, wordt de restantschuld bij overlijden meestal niet kwijtgescholden. Bij persoonlijke leningen en doorlopende kredieten is dat doorgaans wel het geval. Kijk hier zo nodig de voorwaarden op na.

6.2d Spaar- en effectenrekeningen

Voor spaarrekeningen geldt hetzelfde als voor betaalrekeningen. Een spaarrekening op eigen naam wordt geblokkeerd, maar een en/of-spaarrekening niet.
Als de overledene aandelen of obligaties bezat, loopt hiervoor meestal een depot- of effectenrekening bij een bank. Ook deze rekening wordt na een overlijden geblokkeerd.
Daarnaast nam de overledene wellicht deel aan beleggingsfondsen; ook deze rekeningen worden geblokkeerd. Bij de waardering van de nalatenschap wordt bij effecten uitgegaan van de waarde van de effecten op de dag van overlijden.

6.2e Diversen

Na een overlijden kan de bankkluis niet meer door een gevolmachtigde worden geopend. Ook daarvoor is een verklaring van erfrecht nodig.

6.3 Schulden

Schulden van een overledene maken ook deel uit van de nalatenschap. Het kan om een schuld aan een vriend gaan, een hypotheekschuld maar ook om een belastingschuld. Bij enkele van de hieronder genoemde schulden is het mogelijk dat ze bij een overlijden vervallen.

6.3a Persoonlijke lening en doorlopend krediet

Wanneer het om één van deze leningen gaat, is de kans groot dat de restschuld bij overlijden wordt kwijtgescholden. Aan deze kredietvormen is namelijk vrij vaak een overlijdensrisicoverzekering verbonden. De kwijtschelding is veelal gemaximeerd tot een bepaald bedrag. De kosten voor deze verzekering zijn natuurlijk gewoon in de premie verwerkt.
Achterstallige betalingstermijnen worden niet kwijtgescholden!
In sommige gevallen is er geen kwijtschelding als de lening na een bepaalde leeftijd wordt afgesloten of wanneer de leeftijd bij overlijden boven een bepaalde grens ligt. Meestal is dat de pensioengerechtigde leeftijd. In dat geval komt de schuld ten laste van de nalatenschap.
Is de lening door twee personen – bijvoorbeeld beide partners – ondertekend, dan wordt de schuld vaak alleen kwijtgescholden bij overlijden van de eerstgenoemde contractant, normaal gesproken de partner met het hoogste inkomen.
Het is in ieder geval van belang dat u de voorwaarden van de lening goed naleest.

6.3b Hypothecaire schuld

Aan de meeste hypothecaire leningen is een overlijdensrisicoverzekering verbonden waarmee bij overlijden de schuld geheel of gedeeltelijk wordt afgelost. Een en ander is natuurlijk afhankelijk van de voorwaarden van de verzekering.
Voor zover de hypothecaire schuld niet wordt afgelost, is het een schuld die ten laste komt van de nalatenschap.

6.4 Werkgever en uitkeringsinstanties

Uiteraard moet de werkgever van de overledene op de hoogte worden gesteld. Als de overledene een uitkering ontving, moet de uitkeringsinstantie worden ingelicht. De nabestaanden hebben recht op een overlijdensuitkering, verhoogd met de nog niet uitgekeerde vakantierechten.
Deze uitkering wordt in het algemeen automatisch uitbetaald; zo niet, dan moet u zich wenden tot de werkgever of tot de uitkeringsinstantie. De overlijdensuitkeringen zijn belasting- en premievrij.

6.4a Werkgever

Als een werknemer overlijdt, eindigt de arbeidsovereenkomst van

rechtswege. De werkgever is wettelijk verplicht aan de nabestaanden een overlijdensuitkering uit te betalen.
De hoogte daarvan is gelijk aan het loonbedrag dat de werknemer zou hebben verdiend vanaf de dag van overlijden tot en met een maand na de dag van overlijden. Deze uitkering moet worden betaald aan de echtgenoot of partner.
Wanneer er geen echtgenoot of partner is, gaat de uitkering naar de minderjarige kinderen. Indien de werknemer ook geen kinderen nalaat, hoeft de werkgever de uitkering niet te betalen.
Het bovenstaande is een minimumregeling; in een CAO of arbeidsovereenkomst kan deze regeling worden uitgebreid. Daarbij geldt dat een eenmalige uitkering die niet hoger is dan driemaal het maandloon, belasting- en premievrij is.

6.4b Uitkeringsinstanties

De nabestaanden van de overledene hebben recht op een overlijdensuitkering als de overledene een uitkering ontving krachtens de Ziektewet (ZW), Werkloosheidswet (WW), Wet Arbeidsongeschiktheid (WAO), Wet Inkomen en Arbeid (WIA), Algemene Ouderdomswet (AOW), Algemene Nabestaandenwet (Anw) of de Algemene Bijstandswet (ABW).
De uitkering is bedoeld voor de nabestaande die van het inkomen van de overledene afhankelijk was. De achterblijvende echtgenoot of partner komt als eerste in aanmerking. Wanneer er geen partner is, hebben de minderjarige kinderen recht op de uitkering. Zijn er ook geen minderjarige kinderen, dan komt degene met wie de overledene in gezinsverband leefde en in wiens levensonderhoud hij grotendeels voorzag, in aanmerking.
De uitkering wordt uitbetaald tot een maand na de dag van overlijden.
Welke uitkeringsinstanties voeren de verschillende wetten uit?

- ZW, WW, WAO, WIA: Uitvoeringsinstituut Werknemersverzekeringen (UWV)
- AOW, Anw: Sociale Verzekeringsbank;
- ABW: Sociale Dienst van de gemeente.

Denk eraan dat de overlijdensuitkering wordt gestort op de rekening waar voorheen het loon of de uitkering naartoe ging. Als die rekening geblokkeerd is, kunt u vragen of de overlijdensuitkering op een andere rekening gestort kan worden.
Nadere informatie kunt u bij de betrokken instanties krijgen (zie Adressen).

6.5 Anw, AOW en ABW

Sinds 1 juli 1996 is de Anw (Algemene Nabestaandenwet) van kracht. Deze wet regelt de uitkering voor mannen en vrouwen van wie de partner op of na 1 juli 1996 is overleden, en voor halfwezen en wezen.
Als u recht heeft op AOW (Algemene Ouderdomswet) en uw partner overlijdt, kan dat gevolgen hebben voor de hoogte van de AOW. Hierna vermelden wij de belangrijkste regels van deze wetten.
Uitgebreide informatie over de Anw en AOW is verkrijgbaar bij de (districtskantoren van de) Sociale Verzekeringsbank. Daar moet u ook de aanvraag voor een Anw- of AOW-pensioen indienen. Formulieren voor de aanvraag van Anw en AOW zijn ook verkrijgbaar op het postkantoor.
Het vangnet is de Algemene Bijstandswet (ABW). Als men onder het bijstandsniveau dreigt uit te komen, kan bijstand bij de gemeente worden aangevraagd. De hierna genoemde bedragen gelden per 2008.

6.5a Anw

Nabestaanden van een overledene die jonger zijn dan 65 jaar, hebben onder voorwaarden recht op een Anw-nabestaandenuitkering. Onder nabestaanden worden verstaan de echtgenoot of geregistreerde partner of een partner met wie de overledene tot op de dag van overlijden een gezamenlijke huishouding voerde.
De nabestaande moet aan een van de vier volgende voorwaarden voldoen wil recht bestaan op een Anw-nabestaandenuitkering:

- de nabestaande heeft een kind jonger dan 18 jaar;
- de nabestaande is zwanger;
- de nabestaande is voor ten minste 45% arbeidsongeschikt;
- de nabestaande is geboren vóór 1950.

Als niet aan deze algemene voorwaarden is voldaan, bestaat geen recht op een Anw-nabestaandenuitkering en kan eventueel bij de gemeente een bijstandsuitkering worden aangevraagd.
De Anw-nabestaandenuitkering bedraagt €1043 bruto per maand. De hoogte van de Anw-nabestaandenuitkering is echter inkomensafhankelijk, dus het bedrag kan lager uitvallen.
De nabestaande die de zorg heeft voor een of meer halfwezen jonger dan 18 jaar, heeft ook recht op een halfwezenuitkering op grond van de Anw. De hoogte hiervan is niet afhankelijk van andere inkomsten. Deze uitkering bedraagt €240 bruto per maand, ongeacht het aantal kinderen.
Kinderen van wie beide ouders zijn overleden, hebben recht op een Anw-wezenuitkering tot en met de maand waarin ze 16 jaar worden.

In bepaalde omstandigheden, bijvoorbeeld als het kind studeert, kunnen ook wezen vanaf 16 tot en met 20 jaar een wezenuitkering krijgen. De hoogte van de uitkering is afhankelijk van de leeftijd van het kind en varieert van €334 tot €667 per kind, bruto per maand.
Bij de Anw bestaat recht op een vakantieuitkering die jaarlijks in mei wordt uitbetaald.

6.5b AOW

Voor gehuwden, geregistreerd samenwonenden of samenwonenden die beiden ouder zijn dan 65 jaar, bedraagt de AOW-uitkering voor elk van hen €674 bruto per maand; samen ontvangen ze dus €1348 bruto per maand.
Als een van beiden overlijdt, heeft de achterblijvende recht op een AOW-uitkering van €985 bruto per maand.
Let op: bij de AOW worden gehuwden gelijkgesteld met ongehuwde, niet-geregistreerde partners. Dit geldt zodra men een gezamenlijke huishouding voert, dus samen in een huis woont en ieder een bijdrage levert in de kosten van de huishouding of op een andere manier in elkaars verzorging voorziet.
Als de jongste partner nog geen 65 jaar is en geen inkomsten heeft, ontvangt de partner die de 65 al gepasseerd is een AOW-uitkering van €674 bruto per maand, plus een eventuele toeslag van maximaal hetzelfde bedrag. De partners hebben dan evenveel te besteden als partners die beiden 65 jaar of ouder zijn. In 2015 gaat dit veranderen.
Heeft de partner die nog geen 65 jaar is wel een eigen inkomen, dan is de hoogte van de toeslag afhankelijk van dat inkomen. Bij overlijden van de partner die ouder is dan 65 jaar, vervalt de AOW voor de achterblijvende partner. Hij kan eventueel wel in aanmerking komen voor een Anw-nabestaandenuitkering.
Als de jongste partner overlijdt, ontvangt de achtergebleven partner van 65 jaar of ouder een AOW-uitkering voor een alleenstaande.
Ook bij de AOW bestaat recht op een vakantie-uitkering.

6.5c ABW

Wie niet in staat is in zijn eigen onderhoud te voorzien en geen beroep kan doen op een andere sociale voorziening, komt in aanmerking voor bijstand. Het recht op bijstand en de hoogte van de uitkering zijn afhankelijk van de omstandigheden van de persoon, het gezin en de mogelijkheden tot het verrichten van arbeid.
De bijstand is aanvullend op een inkomen of uitkering. Ook met vermogen wordt rekening gehouden.

De landelijke nettobijstandsnormen zijn voor personen tussen de 18 en 65 jaar voor een alleenstaande €601 per maand. Voor een echtpaar (en samenwonenden) is dat €1201 per maand, en voor een alleenstaande ouder €841 per maand. Voor andere leeftijden gelden andere bedragen. Eenmaal per jaar wordt de vakantie-uitkering uitbetaald.
Gemeenten kunnen ook nog toeslagen toekennen.
Bijstand moet worden aangevraagd bij de Sociale Dienst van de gemeente waar u woont. Daar kunt u ook terecht voor meer informatie.

6.6 Nabestaandenpensioen van werkgever

De meeste werknemers hebben naast een AOW-uitkering recht op een aanvullend pensioen dat via de werkgever wordt opgebouwd. Vaak heeft de langstlevende echtgenoot of geregistreerde partner recht op een nabestaandenpensioen of weduwen- en weduwnaarspensioen. Mensen die ongehuwd en ongeregistreerd samenwonen, hebben niet altijd recht op een nabestaandenpensioen. Dat hangt van de pensioenregeling af. Houd er rekening mee dat een ex-echtgenoot met wie de overledene gehuwd is geweest en wiens huwelijk door echtscheiding is ontbonden, recht kan hebben op een deel van het opgebouwde pensioen.
Behalve de partner hebben vaak ook de kinderen recht op een nabestaandenpensioen: het wezenpensioen.
Over de hoogte van het nabestaandenpensioen voor partner en kinderen valt in zijn algemeenheid niets te zeggen, omdat dat gerelateerd is aan de hoogte van het opgebouwde ouderdomspensioen. En net als de hoogte van het loon, is ook de hoogte van een pensioen voor iedereen verschillend. Dat is onder andere afhankelijk van het aantal pensioenjaren, de hoogte van het loon, eventuele pensioenbreuken en de pensioenregeling.
Ook de regels met betrekking tot het wezenpensioen zijn afhankelijk van de pensioenregeling. In grote lijnen komen ze op het volgende neer. De kinderen hebben recht op een wezenpensioen tot hun 18^{e} of 21^{e} jaar; soms wordt die termijn verlengd tot 27 jaar als het kind studeert of invalide is.
Het wezenpensioen bedraagt per kind een percentage van het weduwenpensioen (70% van het ouderdomspensioen). Meestal komt het neer op ongeveer 20% daarvan, dus per saldo 14% van het ouderdomspensioen. Als beide ouders overleden zijn, is het wezenpensioen vaak het dubbele. Meestal komen maximaal vijf kinderen voor toekenning van een wezenpensioen in aanmerking. Zijn er meer kinderen, dan wordt het beschikbare bedrag over de kinderen verdeeld.

Als iemand is overleden moet – eventueel via de werkgever – het pensioenfonds of de pensioenverzekeringsmaatschappij waar het pensioen van de overledene loopt, worden ingelicht en moet het pensioen worden aangevraagd.
In het pensioenoverzicht dat pensioenuitvoerders jaarlijks verstrekken, kunt u nagaan hoeveel het nabestaandenpensioen bedraagt.
De mogelijkheid bestaat dat de overledene ook pensioenrechten bij een eerdere werkgever heeft opgebouwd. Ook deze werkgever moet worden ingelicht, want anders lopen de nabestaanden pensioen mis. Het vergt soms nogal wat speurwerk om de pensioenverzekeraar te vinden. U kunt daarnaar vragen bij de vroegere werkgever. Bij De Nederlandsche Bank (zie Adressen) kunt u informeren naar de huidige naam en het huidige adres van de pensioenuitvoerder.

6.7 Verzekeringen

Iedereen heeft wel een aantal verzekeringen afgesloten. Het kan gaan om een levensverzekering die aan een hypotheek is gekoppeld, maar ook om de verplichte aansprakelijkheidsverzekering of een verzekering voor ziektekosten. Het doornemen van het verzekeringenpakket is een hele klus. Een overzicht, bijvoorbeeld een persoonlijk memorandum, kan een hulpmiddel zijn.
Gegevens die u nodig heeft, zijn de naam van de maatschappij, het polisnummer, namen van de verzekerden en nabestaanden, en in een aantal gevallen de verklaring van erfrecht.
Zijn de verzekeringen afgesloten via een verzekeringstussenpersoon, dan kunt u hem inschakelen. In andere gevallen moet u rechtstreeks contact opnemen met de verzekeringsmaatschappij.

6.7a Schadeverzekeringen

Polissen van schadeverzekeringen moeten worden opgezegd of aangepast. Denk bijvoorbeeld aan de ziektekostenverzekering of ziekenfondsverzekering, maar ook aan de opstalverzekering, inboedelverzekering, WA-verzekering, autoverzekering, rechtsbijstandverzekering en doorlopende reisverzekering, arbeidsongeschiktheidsverzekering en eventuele ongevallenverzekering.
Voor een aantal verzekeringen geldt een lagere premie als een verzekerde wegvalt, bijvoorbeeld bij de ziektekostenverzekering.
Er zijn wellicht verzekeringen die op naam van de overledene stonden en die nu op naam van de achterblijvende partner moeten worden ge-

zet. Als de auto of een woning wordt verkocht, zullen de bijbehorende verzekeringen moeten worden opgezegd.
Als de overledene een ongevallenverzekering had, moet de verzekeraar zo spoedig mogelijk worden ingelicht. Afhankelijk van de doodsoorzaak kan een uitkering aan de nabestaanden volgen.

6.7b Levensverzekeringen

Levensverzekeringen keren een geldsom uit bij een bepaalde gebeurtenis, bijvoorbeeld bij overlijden. Als degene op wiens leven een verzekering is afgesloten, overlijdt, krijgt de begunstigde van de verzekeringsmaatschappij een uitkering. De verzekeraar moet dus op de hoogte worden gesteld.
Als bewijs zal een verklaring van erfrecht nodig zijn.
De overlijdensrisicoverzekering gekoppeld aan een hypotheek kwam al eerder ter sprake. Met de uitkering uit die verzekering wordt na een overlijden de hypotheekschuld geheel of gedeeltelijk betaald.
Levensverzekeringen zijn vaak langlopende polissen en het is mogelijk dat maatschappijen intussen zijn overgenomen door een andere maatschappij. Bij De Nederlandsche Bank (zie Adressen) kunt u informeren bij welke maatschappij u terecht kunt. Ga ook na of er verzekeringen zijn die al premievrij zijn of die premievrij worden bij een overlijden.

6.8 De huurwoning

De woningbouwvereniging of de verhuurder van een woning moet bij een overlijden worden ingelicht. Als er behalve de overleden huurder niemand in de woning woonde, eindigt de huurovereenkomst op de laatste dag van de tweede maand na het overlijden. Tot die tijd moeten de erfgenamen de huur betalen. Erfgenamen mogen de huur tegen het einde van de eerste maand van het overlijden opzeggen.
Maar wat zijn de rechten van de achterblijvende huurder? Als gehuwde of geregistreerde partners een woning huren, sluit meestal één van hen de huurovereenkomst. De partner is dan automatisch medehuurder, geniet huurbescherming en heeft dezelfde rechten en plichten. De medehuurder is dus ook aansprakelijk voor het betalen van de huur. Het maakt niet uit of de huurovereenkomst voor of na het sluiten van het huwelijk of geregistreerd partnerschap is getekend. Als de huurder overlijdt, wordt de achterblijvende partner dus automatisch huurder.
Als twee mensen samenwonen maar niet geregistreerd zijn, en ze hebben beiden de huurovereenkomst getekend, is er ook niets aan de

hand. Bij overlijden van één van hen kan de ander in het huis blijven wonen.
Maar vaak staat de huurovereenkomst op één naam. De ander is dan niet automatisch medehuurder. Wel mag hij na het overlijden van de partner nog een halfjaar in het huis blijven wonen als hij daar zijn vaste verblijf had en bovendien een gemeenschappelijke huishouding met de overledene voerde. Wil de achterblijvende partner ook na dat halfjaar in het huis blijven wonen, dan moet hij met de verhuurder overleggen of hij huurder kan worden en of de huurovereenkomst aangepast kan worden.
Als dat niet lukt, kan een verzoek daartoe bij de kantonrechter worden ingediend. De kantonrechter zal de aanvraag aan een aantal criteria toetsen. De aanvrager moet zijn hoofdverblijf in de woning hebben en met de overledene een duurzame gemeenschappelijke huishouding hebben gehad. De aanvrager moet de huur kunnen betalen en moet – als dat in de betreffende gemeente is vereist – een huisvestingsvergunning kunnen krijgen. Als aan één van deze eisen niet wordt voldaan, zal de kantonrechter de vordering afwijzen.
Meer informatie kunt u krijgen bij de Woonbond (zie Adressen).

6.8a Huurtoeslag

Wanneer de achterblijvende partner na het overlijden sterk in inkomen achteruitgaat, komt hij wellicht in aanmerking voor huurtoeslag of – als hij deze al kreeg – voor een verhoging ervan. Of u inderdaad toeslag krijgt, hangt af van de hoogte van de huur die u betaalt, van uw inkomen en van uw vermogen. Bij de grenzen voor het inkomen en het vermogen spelen ook uw leeftijd en uw gezinssituatie mee.
Verder moet u aan een aantal voorwaarden voldoen. De aanvrager moet in principe 18 jaar of ouder zijn (tenzij beide ouders zijn overleden) en een zelfstandige woning bewonen, en de huur moet lager zijn dan rond €630 per maand (jonger dan 23 jaar: €340 per maand), maar mag ook niet te laag zijn. Uw inkomen mag niet hoger zijn dan €20.600 per jaar (voor alleenstaanden) of €27.950 (voor samenwonenden). Voor 65-plussers geldt als maximuminkomen respectievelijk €18.525 en €24.625. Ook uw vermogen (bezittingen minus schulden) mag niet te hoog zijn. Voor 65-minners is dat niet meer dan €20.315 plus €2674 voor elk minderjarig kind. Voor 65-plussers met een inkomen van meer dan €19.119 gaat het om €20.315. Voor 65 plussers met lagere inkomens en bepaalde alleenstaande ouders gelden hogere toegestane vermogensbedragen.
Een aanvraag voor huurtoeslag moet u bij de Belastingdienst indienen. U kunt op de site www.toeslagen.nl een proefberekening maken

en ook de aanvraag doen. Bij de belastingtelefoon (0800-0543) en het ministerie van Vrom (zie Adressen) kunt u ook terecht met algemene vragen over huurtoeslag.

6.9 Lokale lasten

Als door het overlijden een eenpersoonshuishouding ontstaat, kan voor bepaalde lokale lasten een verlaging worden aangevraagd. En als het inkomen beneden een bepaald niveau komt, kan de overgeblevene onder voorwaarden in aanmerking komen voor een gehele of gedeeltelijke kwijtschelding.

6.9a Onroerendezaakbelasting (OZB)

De onroerendezaakbelasting is een belasting die wordt opgelegd aan de eigenaar van een woning. De hoogte van de aanslag is afhankelijk van de (WOZ-)waarde van de woning.
Deze gemeentelijke belasting kan worden kwijtgescholden aan particulieren die een laag inkomen en weinig vermogen hebben. Op de aanslag voor de onroerendezaakbelasting of in een toelichting daarbij staat vermeld op welke wijze kwijtschelding kan worden aangevraagd. Vaak is daarvoor een standaardformulier verkrijgbaar bij de gemeente.
Als u kwijtschelding wilt aanvragen, moet u wel in de gaten houden dat dat binnen een bepaalde termijn na ontvangst van de aanslag moet gebeuren. Kwijtschelding kan ook worden aangevraagd voor twee andere gemeentelijke belastingen, namelijk de afvalstoffenheffing en het rioolrecht, en soms zelfs voor de hondenbelasting.

6.9b Afvalstoffenheffing en rioolrecht

De afvalstoffenheffing is een bijdrage die u betaalt voor het ophalen en verwerken van huishoudelijk afval. Er zijn gemeenten die geen onderscheid maken in hun tarieven en gezinnen en alleenstaanden hetzelfde bedrag in rekening brengen. Er zijn echter ook gemeenten waar alleenstaanden minder betalen. Als dat in een bepaalde gemeente het geval is, kan bij het ontstaan van een eenpersoonshuishouding dus een verlaging worden aangevraagd. De tarieven verschillen sterk per gemeente; de kosten voor een gezin kunnen behoorlijk oplopen.
In de meeste gemeenten wordt ook rioolrecht geheven. Ook bij deze belasting maken sommige gemeenten wel, en andere geen onderscheid tussen een gezin en alleenstaanden. Let daarop en vraag zo nodig een verlaging aan.

6.9c Verontreinigingsheffing of zuiveringsheffing

Voor de zuivering van het afvalwater en voor andere maatregelen in het belang van een goede waterkwaliteit brengt het waterschap jaarlijks aan ieder huishouden een bedrag in rekening. Dat is de verontreinigings- of zuiveringsheffing. Het bedrag wordt ofwel rechtstreeks door het waterschap geïnd of via de nota van uw nutsbedrijf.
De hoogte ervan is afhankelijk van het aantal vervuilingseenheden. Wanneer een huishouden uit twee of meer personen bestaat, wordt dat in de regel aangeslagen voor drie vervuilingseenheden. Maar wanneer u alleen woont, hoeft u slechts voor één vervuilingseenheid te betalen.
De kosten voor een vervuilingseenheid kunnen per waterschap verschillen.
Als na een overlijden een eenpersoonshuishouden ontstaat, moet u dit melden bij het waterschap, zodat u in het vervolg slechts voor één vervuilingseenheid wordt aangeslagen. Het juiste adres vindt u op de aanslag.
Daarnaast wordt aan ieder huishouden de ingezetenenomslag in rekening gebracht. Dat geld is bedoeld om maatregelen te treffen zodat geen last wordt ondervonden van te veel of te weinig water.
Mensen met een laag inkomen kunnen bij het waterschap gehele of gedeeltelijke kwijtschelding vragen voor de verontreinigingsheffing en de ingezetenenomslag. Op de aanslag of in een toelichting op de aanslag staat vermeld op welke wijze u kwijtschelding moet aanvragen. Let wel op de termijn waarbinnen dat moet gebeuren.

6.10 Auto

Ook een auto kan na een overlijden voor administratieve rompslomp zorgen.

6.10a Kenteken en motorrijtuigenbelasting

Als de overledene een auto had en deze eigendom van iemand anders wordt, moet het kentekenbewijs op naam van de nieuwe eigenaar worden gezet. U kunt een kentekenbewijs over laten schrijven op de grotere postkantoren.
Daartoe moet de nieuwe eigenaar met deel 2 van het kentekenbewijs en met het overschrijvingsbewijs naar het postkantoor. Verder is een geldig legitimatiebewijs vereist. Op het postkantoor wordt dan een nieuw deel 2 gemaakt. Dat is, samen met het bestaande deel 1 en het overschrijvingsbewijs, bestemd voor de nieuwe eigenaar.

Tevens wordt voor de voormalige eigenaar een vrijwaringbewijs gemaakt, waarna het oude deel 2 ongeldig wordt gemaakt.
De voormalige eigenaar, of zijn erfgenamen, krijgen na de overschrijving bericht van de Rijksdienst voor het Wegverkeer, Voertuiginformatie en Toelating dat de auto op naam van de oude eigenaar is afgemeld. Het officiële vrijwaringbewijs is belangrijk, omdat dat het enige bewijs is dat de oude eigenaar niet meer de geregistreerde eigenaar is en niet meer aansprakelijk is voor bijvoorbeeld opgelegde bekeuringen.
Het is verstandig deel 1 van het kentekenbewijs en het voertuig pas aan de koper over te dragen wanneer u het vrijwaringbewijs heeft ontvangen.
Als een kentekenbewijs op een andere naam wordt gezet, wordt daarmee tegelijk aangifte voor de motorrijtuigenbelasting gedaan. De nieuwe eigenaar krijgt dan automatisch een rekening met acceptgiro toegestuurd voor de motorrijtuigenbelasting van de Belastingdienst/Centrale administratie.
De belasting kan per kwartaal of per jaar worden betaald.
De vorige eigenaar ontvangt restitutie van te veel betaalde motorrijtuigenbelasting. Stond de auto op naam van de overledene, dan wordt het teveel overgemaakt naar de regionale belastingdienst. Daar bekijkt men of er eventueel nog schulden zijn en als dat niet het geval is, wordt het teveel terugbetaald aan de erfgenamen van de overledene. Dat kan echter wel enkele maanden duren. Terugbetaling geschiedt in beide gevallen automatisch.
Het op naam zetten van deel 2 van een kentekenbewijs op het postkantoor kost ongeveer €10. Kijk voor meer informatie over de RDW en de Belastingdienst/Centrale administratie onder Adressen.

6.10b Autoverzekering

De autoverzekering moet worden opgezegd of aangepast. Ook moet u nagaan of er nog aanvullende verzekeringen zijn afgesloten, bijvoorbeeld een inzittendenverzekering of een autorechtsbijstandsverzekering. Denk verder aan het lidmaatschap van de ANWB met wegenwachtservice of aan een abonnement bij een andere wegenhulporganisatie.

6.11 Diversen

6.11a Voogdij

Als de ouders van een minderjarig kind zijn overleden, moet in de voogdij worden voorzien. Hebben de ouders in een testament een voogd aan-

gewezen, dan zal het testament worden uitgevoerd. In andere gevallen zal de kantonrechter moeten worden ingeschakeld om te beslissen wie het minderjarige kind moet verzorgen en opvoeden.
Daarbij staat het belang van het kind voorop. De rechter overlegt daarover met de familie en kinderen van 12 jaar en ouder wordt ook hun mening gevraagd. Ook bij kinderen jonger dan 12 jaar kan hij dat doen. Kinderen worden dus niet zomaar in een tehuis ondergebracht. Dat wordt alleen onvermijdelijk als er in de familie- of vriendenkring helemaal geen oplossing is. Bij beslissingen die minderjarige kinderen aangaan, kan de rechter ook altijd advies inwinnen bij de Raad voor de kinderbescherming.

6.11b Doorzendservice van TNT Post

Post die aan de overledene is gericht, kunt u drie maanden gratis op een ander adres laten bezorgen, bijvoorbeeld bij een erfgenaam. De doorzendservice kan worden aangevraagd via een speciaal formulier dat op het postkantoor verkrijgbaar is of kan worden aangevraagd bij TNT Post Klantenservice (zie Adressen).

6.11c Abonnementen en lidmaatschappen

Abonnementen op kranten en tijdschriften moeten worden opgezegd. Voor zover u daarvan niet op de hoogte bent, kunt u dit nakijken aan de hand van bank- en giroafschriften. Ook lidmaatschappen van verenigingen en dergelijke moeten worden opgezegd.

6.11d Huis leeg

Als een huis na een overlijden niet langer meer wordt bewoond, zal dit gemeld moeten worden aan het energie- en waterbedrijf. Ook de telefoon moet worden opgezegd. Voor het opruimen van inboedel en kleding kunt u terecht bij diverse instanties, zoals boedelruimers. In de meeste gemeenten zijn kringloopwinkels die bruikbare huisraad, kleding, schoenen, enzovoort ophalen. Daarnaast zijn er charitatieve instellingen die deze spullen inzamelen en ophalen; denk bijvoorbeeld aan het Leger des Heils.

Bijlage I

Voorbeeld van een codicil

Ik, ondergetekende, Marjan Anna de Vries,
wonende te Sneek, Kerkstraat 10,
geboren op 4 januari 1951 te Joure,
legateer aan mijn zus Nynke de Vries,
wonende te Sneek, mijn gouden halsketting
met medaillon;
aan mijn broer Willem de Vries, wonende
te Zwolle, de Friese Staartklok.

Sneek, 20 februari 2008

Bijlage II

Voorbeeld van een persoonlijk memorandum

Memorandum van: ....
Gemaakt op: ....
Uitgereikt aan: ....

Persoonlijke gegevens

Naam: ....
Voornamen: ....
Adres: ....
Postcode en woonplaats: ....
Telefoonnummer: ....
Mobiel nummer: ....
Geboortedatum en -plaats: ....
E-mailadres: ....
Geslacht: ....
Godsdienst: ....

Burgerlijke staat

□ Alleenstaand
□ Weduwe/weduwnaar
□ Gehuwd sinds ....
huwelijkse voorwaarden ja/nee
□ Geregistreerd partnerschap sinds ....
partnerschapsvoorwaarden ja/nee
□ Samenwonend sinds ....
(aankruisen en invullen wat van toepassing is)

Naam partner: ....
Geboortedatum partner: ....
Geboorteplaats partner: ....

Kinderen

Naam Geboortedatum Adres
1. ....
2. ....
3. ....
4. ....

Waardepapieren

Paspoort

Nummer: ....

Vindplaats: ....

Rijbewijs

Nummer: ....

Vindplaats: ....

Trouwboekje

Vindplaats: ....

Huwelijkse voorwaarden/partnerschapsvoorwaarden/samenlevingscontract

Vindplaats: ....

Notaris (naam en adres): ....

Testament

Notaris (naam en adres): ....

Codicil

Vindplaats: ....

Andere waardepapieren zoals ....

Vindplaats: ....

Financiële gegevens

Bank en giro

(Instelling, rekeningnummer, bijzonderheden
(soort rekening, en/of-rekening, enz.))

1. ....
2. ....
3. ....
4. ....

Effecten

(Instelling, effectenrekening, bijzonderheden)

1. ....
2. ....
3. ....
4. ....

Schulden (Maatschappij, polisnummer, einde contract)

Hypotheek ....

Doorlopend krediet ....

Persoonlijke lening ....

Vindplaats van bank- en girorekeningen, effecten en schulden: ....

Bankkluis bij: ....

Vindplaats sleutels: ....

Verzekeringen

Schadeverzekeringen

(Maatschappij, polisnummer, bijzonderheden)
Ziektekostenverzekering/ziekenfondsverzekering: ....
Arbeidsongeschiktheidsverzekering: ....
Woonhuisverzekering: ....
Inboedelverzekering: ....
WA-verzekering: ....
Autoverzekering: ....
Doorlopende reisverzekering: ....
Rechtsbijstandverzekering: ....
Ongevallenverzekering: ....
Overige schadeverzekeringen: ....

Levensverzekeringen

(Maatschappij, polisnummer, begunstigde, bijzonderheden)
Levensverzekering gekoppeld aan hypotheek: ....
Overige levensverzekeringen: ....

Vindplaats van verzekeringspapieren: ....

Diverse gegevens

Gegevens werkgever: ....

Pensioenfonds/verzekeraar
(Maatschappij, polisnummer, bijzonderheden)
1. ....
2. ....

Gegevens sociale uitkeringen: ....

Eigendomsbewijs woning: ....
Vindplaats: ....
Huurcontract woning: ....
Vindplaats: ....

Ook van belang

Wensen ten aanzien van de uitvaart

□ Begrafenis
□ Crematie
□ Geen voorkeur

Regeling getroffen bij: ....
(naam, adres, vindplaats papieren)
□ uitvaartverzorger: ....
□ uitvaartvereniging: ....
□ uitvaartverzekering: ....
□ andere regeling: ....

Specifieke wensen

Uitvaart in stilte, met naaste familie, of met familie en genodigden en belangstellenden, begraafplaats naar keuze, plaats crematie en de asbestemming, kerkelijke uitvaart of anders, spreker tijdens afscheidsbijeenkomst, keuze muziek, enzovoort

Donorregister

Als donor geregistreerd ja/nee
Donorcodicil: ja/nee; zo ja, vindplaats: ....

Adressen

(Naam, adres, telefoonnummer)
Huisarts: ....
Geestelijke: ....
Notaris: ....
Executeur: ....
Voogd: ....
Belastingadviseur: ....
Assurantietussenpersoon: ....

Voeg eventueel een lijst toe met adressen van mensen (familie, vrienden, bekenden, collega's, enzovoort) die na uw overlijden bericht moeten hebben.

Handtekening: ....

Bijlage III

Voorbeeld van een donorregistratieformulier

donorregister

Donorformulier

Op dit formulier maakt u een keuze over orgaan- en weefseldonatie. Door het formulier op te sturen, laat u uw keuze registreren bij het Donorregister.

U kunt uw keuze altijd wijzigen. Dat doet u door een nieuw donorformulier in te vullen en op te sturen.

Geef veranderingen in uw persoonsgegevens alleen door aan uw gemeente. Het Donorregister ontvangt deze wijzigingen dan automatisch van de gemeente.

Meer informatie?
internet www.donorregister.nl
e-mail info@donorregister.nl
telefoon 0900 - 821 21 66 (lokaal tarief)

Het Donorregister is onderdeel van het Ministerie van Volksgezondheid, Welzijn en Sport.

Uw gegevens

Voorletters **Tussenvoegsel***

Achternaam**

Straat

Huisnummer **Toevoeging*****

Postcode

Plaats

Geboortedatum dag - maand - jaar **Geslacht** man ☐ vrouw ☐

* Tussenvoegsel – bijvoorbeeld: van, van de of van der.
** Achternaam – naam zoals vermeld op uw paspoort of identiteitskaart.
*** Toevoeging – bijvoorbeeld: HS voor huis of I, II of III voor de etage. Bij geen toevoeging niets invullen.

Kruis uw keuze over orgaandonatie aan op de achterkant van dit formulier.

In te vullen door het Donorregister:

In .
Doc-nr. .
Prodoc-nr. .
Hand. contr. .
Ongeldig .
Brief contr. .
A/B-nr. .
Stknr.

DFMa 07

Uw keuze

U kunt kiezen uit de onderstaande vier mogelijkheden. Kruis één keuze aan.

Vergeet niet uw handtekening te zetten.

Zo vult u dit formulier in:

☒ Zet een kruisje in het hokje van uw keuze. Doe dit met een **blauwe** of **zwarte pen**.

Heeft u een verkeerd hokje aangekruist? Herstel uw keuze dan door het hokje helemaal in te kleuren en een ander hokje aan te kruisen.

Informatie die u buiten de hokjes schrijft kan niet worden verwerkt!

☐ Keuze 1 Ja, ik geef toestemming

Ik stel mijn organen en weefsels na mijn overlijden wel beschikbaar voor transplantatie.

Aankruisen indien van toepassing
Ik wil wel donor zijn, maar de door mij aangekruiste organen of weefsels stel ik **niet** beschikbaar voor transplantatie:

☐ Alvleesklier	☐ Darmen	☐ Hoornvliezen	☐ Longen
☐ Bloedvaten	☐ Hart	☐ Huid	☐ Nieren
☐ Botweefsel, kraakbeen en pezen	☐ Hartkleppen	☐ Lever	

☐ Keuze 2 Nee, ik geef geen toestemming

Ik stel mijn organen en weefsels na mijn overlijden niet beschikbaar voor transplantatie.

☐ Keuze 3 Mijn nabestaanden beslissen

Ik laat de beslissing over aan mijn familie en eventuele partner. Mijn nabestaanden beslissen of mijn organen en weefsels beschikbaar zijn voor transplantatie.

☐ Keuze 4 Een specifieke persoon beslist

Ik laat de beslissing over aan iemand anders. Hieronder geef ik aan wie de beslissing mag nemen na mijn overlijden. De onderstaande persoon beslist of mijn organen en weefsels beschikbaar zijn voor transplantatie.

Ik laat de beslissing over aan:

Voorletters Tussenvoegsel*

Achternaam

Straat

Huisnummer Toevoeging** Postcode

Plaats

Land

Telefoon

Veranderingen in het adres of telefoonnummer van de door u aangewezen persoon moet u **zelf** doorgeven aan het Donorregister. Wilt u een andere persoon aanwijzen voor de beslissing? Dan moet u dit ook **zelf** doorgeven aan het Donorregister.

Als de aangewezen persoon na uw overlijden niet bereikbaar is, beslissen uw nabestaanden.

* Tussenvoegsel: bijvoorbeeld van, van de of van der

** Toevoeging: bijvoorbeeld HS voor huis of I,II of III voor de etage. Bij geen toevoeging niets invullen.

Stuur het ingevulde formulier naar:
Donorregister
Antwoordnummer 10150
6460 ZP Kerkrade
Geen postzegel nodig.

Datum

dag maand jaar

Uw handtekening

DFMa 07

Bijlage IV

Formulier voor de successieaangifte

Belastingdienst

Aangifte
Recht van successie

>

Gebruiksaanwijzing

Recht van successie
Op het aangiftebiljet recht van successie verstrekt u de Belastingdienst de gegevens die nodig zijn om het recht van successie te berekenen. U kunt op dit biljet aangifte doen van alle verkrijgingen uit dezelfde nalatenschap. Het is dus niet nodig dat iedere verkrijger afzonderlijk aangifte doet.

Invullen van het biljet
Beantwoord de vragen die van toepassing zijn. Vul de gegevens in naar de situatie op de dag van overlijden. Rond alle bedragen af op hele euro's. Na invulling moet iedere aangever of de wettelijke vertegenwoordiger het biljet op het voorblad ondertekenen. Als bij een vraag 'zie blz.' staat, is dat een verwijzing naar een bladzijde van de bijgevoegde Toelichting.

Modellen
De modellen zitten bij elkaar achter in de Toelichting. Het model dat u nodig heeft, vult u in en stuurt u met deze aangifte mee. U kunt ook zelf een model maken aan de hand van de modellen in de Toelichting. Vermeld in alle gevallen het successienummer en de naam van de overledene.

Gekozen woonplaats

Naam

Adres

Postcode en plaats

Telefoonnummer

Ondertekening

Wij verklaren deze aangifte met de bijlage(n) duidelijk, stellig en zonder voorbehoud te hebben ingevuld.

Aantal bijlagen

Als u per verkrijger afzonderlijk een aanslagbiljet wilt ontvangen, *kruis dan het hokje aan. Zie blz. 1 van de toelichting*

Naam en plaats	Datum	Handtekening
1		
2		
3		
4		
5		
6		
7		
8		

SUC 60 - 2O*7CT

Let op! *Maak een kopie van de aangifte voor eigen gebruik*

2

Gegevens van de overledene

1 Persoonlijke gegevens

1a Naam en voornamen van de overledene

1b Geboortedatum

1c Adres

Postcode en woonplaats

1d Sofi-nummer

2 Persoonlijke omstandigheden

2a Was de overledene op de sterfdag gehuwd? ☐ Nee, *ga verder met 2c* ☐ Ja

De geregistreerde partner wordt gelijkgesteld met echtgenoot.

2b Naam echtgenoot

Geboortedatum echtgenoot

Sofi-nummer echtgenoot

Onder huwelijkse voorwaarden worden ook partnerschapsvoorwaarden begrepen.

Huwelijksgoederenregime *Kruis aan wat van toepassing is* ☐ In gemeenschap van goederen ☐ Op huwelijksvoorwaarden, datum akte

Was de overledene gescheiden van tafel en bed? ☐ Nee ☐ Ja

2c Is de overledene (eerder) gehuwd geweest? ☐ Nee, *ga verder met 2f* ☐ Ja, *vul de gegevens hieronder in*

Naam vroegere echtgenoot/echtgenoten	Datum einde huwelijk
1	
2	
3	

2d Door welke oorzaak werd het huwelijk ontbonden? ☐ Door echtscheiding ☐ Door overlijden

2e Indien het huwelijk door overlijden werd ontbonden: werd de nalatenschap van de eerder overleden echtgenoot verdeeld? ☐ Ja ☐ Nee

Huisgenoot *is degene met wie de overledene een gemeenschappelijke huishouding voerde. Voor de precieze voorwaarden zie blz. 2.*

2f Voerde de overledene een gemeenschappelijke huishouding met één of meer huisgenoten? ☐ Nee ☐ Ja, *vul Model A in*

2g Laat de overledene kinderen na? ☐ Nee ☐ Ja, *aantal*

Vooroverleden kinderen zijn kinderen die eerder zijn overleden dan de overledene.

2h Zijn er vooroverleden kinderen van de overledene? ☐ Nee ☐ Ja, *aantal*

2i Zo ja, lieten deze nakomelingen na? ☐ Nee ☐ Ja

3 Testament/codicil

Een ***testament*** *is een akte door een notaris opgemaakt waarin de overledene heeft vastgelegd wat er na het overlijden met de nalatenschap moet gebeuren.*

Een ***codicil*** *is een door de erflater geschreven verklaring waarin hij bepaalde zaken regelt, bijv. het regelen van zijn begrafenis e.d. Zie ook blz. 3.*

3a Heeft de overledene een testament gemaakt? ☐ Nee ☐ Ja, datum akte

3b Naam en standplaats van de notaris

3c Heeft de overledene een codicil gemaakt? ☐ Nee ☐ Ja, *stuur een fotokopie van het codicil mee*

3

Nagelaten vermogen

4 Ondernemingsvermogen/aandelen behorende tot een aanmerkelijk belang

4 Had de overledene ondernemingsvermogen of aandelen behorende tot een aanmerkelijk belang? *Vermeld de waarde hiernaast.*
- Nee, *ga naar 6*
- Ja, *vul model B in. Neem over bij vraag 8* €

5 Faciliteiten bij bedrijfsopvolging/verkrijging aandelen behorende tot een aanmerkelijk belang

Op verzoek en onder voorwaarden is gedeeltelijke kwijtschelding en/of uitstel van betaling mogelijk. Zie blz. 4

5 Wordt door de verkrijger(s) een beroep gedaan op de faciliteiten bij bedrijfsopvolging?
- Nee, *ga naar 6*
- Ja. *Op de kwijtscheldingsregeling*
- Ja. *Op de regeling van uitstel van betaling.*

} *Vul model B in en laat dit door alle verkrijgers ondertekenen.*

6 Overige bezittingen

Zie blz. 4.

6a Waarde eigen woning, *vul Model C vraag 6a in* *Vermeld de uitkomst hiernaast* — *Neem over bij vraag 8* 6a €

6b Waarde overige onroerende zaken *Vul Model C vraag 6b in* — *Neem over bij vraag 8* 6b €

Als het bij de vragen 6c, 6d en/of 6e (ook) gaat om ***buitenlandse vorderingen en tegoeden,*** *stuur dan een specificatie van de bedragen mee.*

6c Tegoeden op bank- en/of girorekeningen, spaartegoeden

Naam instelling/rekeningnummer bank of giro	Saldo
	€
	€
	€
	€
	€ +

Totaalbedrag — *Neem over bij vraag 8* ▶ 6c €

Voor aandelen en overige effecten in blote eigendom en vruchtgebruik, zie blz. 5.

6d Effecten, *vul Model D in* *Vermeld het totaalbedrag hiernaast* — *Neem over bij vraag 8* 6d €

Bijv. terugbetaling i.v.m. gas en elektra, belastingteruggaven, huur, dividenden en renten e.d.

6e Vorderingen/restituties, *vul Model E in* *Vermeld het totaalbedrag hiernaast* — *Neem over bij vraag 8* 6e €

Ook buitenlands geld, reischeques e.d.

6f Contant geld — *Neem over bij vraag 8* 6f €

Bijv. auto's, (sta)caravans e.d.

6g Voertuigen, vaartuigen *Vul de totale waarde in* 6g €

Bijv. meubels, boeken e.d.

6h Meubilair en huisraad *Vul de totale waarde in* 6h €

6i Sieraden, schilderijen, antiek *Vul de totale waarde in* *Stuur een specificatie mee* 6i € +

6j Totale waarde roerende zaken *Bereken 6g + 6h + 6i* — *Neem over bij vraag 8* ▶ 6j €

6k Aandeel in onverdeelde boedel(s) *Vul het totaalbedrag in* *Stuur een specificatie en kopieën van bewijsstukken mee* — *Neem over bij vraag 8* 6k €

Zie blz. 6.

6l Overige bezittingen *Vul de totale waarde in* *Stuur een specificatie mee* — *Neem over bij vraag 8* 6l €

SUC 60 - 2F1GPL

4

7 Schulden overledene

7a Bedrag hypotheekschulden in verband met de eigen woning, *vul Model C vraag 7a in* €

7b Bedrag hypotheekschulden in verband met overige onroerende zaken, *vul Model C vraag 7b in* € +

Totaalbedrag hypotheekschulden (7a +7b) *Neem over bij vraag 8* ▶ €

Zie blz. 7.

7c Inkomstenbelasting/premie volksverzekeringen en vermogensbelasting

Soort aanslag/aanslagnummer	Bedrag
	€
	€
	€
	€
	€ +
Neem over bij vraag 8	▶ 7c €

Bijv. motorrijtuigenbelasting, onroerendezaakbelastingen, dijk- en polderlasten, waterschaplasten e.d. Vul in het bedrag dat betrekking heeft op de periode tot aan de sterfdag. Zie blz. 8.

7d Overige belastingschulden

Soort aanslag/aanslagnummer	Bedrag
	€
	€
	€
	€
	€ +
Neem over bij vraag 8	▶ 7d €

Bijv. leningen, huishoudelijke schulden, rekeningen voor gas, licht, water, telefoon e.d.

7e Overige schulden *Vul Model F vraag 7e in* 7e €

8 Saldo bezittingen en schulden

		Bedrag huwelijksgoederengemeenschap	Bedrag eigen vermogen
Eigen woning	*vraag 6a*	€	€
Overige onroerende zaken	*vraag 6b*	€	€
Roerende zaken	*vraag 6j*	€	€
Bank- en girotegoeden	*vraag 6c*	€	€
Contant geld	*vraag 6f*	€	€
Vorderingen/restituties	*vraag 6e*	€	€
Effecten	*vraag 6d*	€	€
Ondernemingsvermogen/AB-aandelen	*vraag 4*	€	€
Aandeel in onverdeelde boedel(s)	*vraag 6k*	€	€
Overige bezittingen	*vraag 6l*	€ +	€ +
Totaalbedrag bezittingen		▶ €	▶ €
Hypotheekschulden	*vraag 7a + 7b*	€	€
Overige schulden	*vraag 7e*	€	€
Overige belastingschulden	*vraag 7d*	€	€
Inkomstenbelasting enz	*vraag 7c*	€ +	€ +
Af: totaalbedrag schulden		▶ € –	▶ € –
Saldo bezittingen en schulden		*neem over bij 9b* €	*neem over bij 9a* €

9 Berekening zuiver saldo van de nalatenschap

9a Saldo eigen vermogen — *neem over van 8* 9a €

9b Saldo vermogen huwelijksgoederengemeenschap — *neem over van 8* 9b €

9c Bereken: helft van 9b — 9c € +

9d Saldo van de nalatenschap
Bereken 9a + 9c — 9d €

9e Begrafenis- of crematiekosten — 9e €

9f **Af:** uitkeringen (uitvaart)verzekering — 9f € –

9g Bereken 9e - 9f — 9g € –

9h Zuiver saldo van de nalatenschap
Bereken 9d - 9g — 9h €

10 Legaten en lastbevoordelingen

10 Heeft de overledene legaten en/of lastbevoordelingen gemaakt?
- ☐ Nee
- ☐ Ja, *vul Model G in en vermeld de totale waarde hiernaast* — 10 €

11 Verkrijging door de erfgenamen

11 Resterend bedrag voor de erfgenamen
Bereken 9h - 10 — 11 €

12 Pensioenen

***Let op!** Het gaat hier niet om AOW- of AWW pensioenen.*

12a Heeft de echtgenoot, de huisgenoot/partner, een kind of een ouder als gevolg van het over-lijden een recht op pensioen verkregen?
- ☐ Nee
- ☐ Ja, *vul de gegevens bij 12b-d in*

12b Naam verkrijger

12c Bedrag van het pensioen per jaar €

12d Uitkerende instantie

13 Fictieve verkrijgingen

Fictieve verkrijging: geen verkrijging volgens erfrecht, maar toch met recht van successie belast. Zie blz. 10 en 11.

Kruis hieronder aan, welke situatie van toepassing is.
***Let op!** Het kan zijn dat u meer dan één situatie moet aankruisen.*

13a De overledene bezat vergunningen of aanspraken die op een ander zijn overgeschreven
- ☐ Nee
- ☐ Ja, *vul op Model H vraag 13a en 13i in*

13b De overledene (of een ander voor hem) bewaarde roerende zaken of daarop betrekking hebbende bewijsstukken die bij overlijden aan een bepaalde persoon moesten worden afgegeven
- ☐ Nee
- ☐ Ja, *vul op Model H vraag 13b en 13i in*

13c De overledene heeft iets schuldig erkend of kwijtgescholden onder voorwaarde dat de andere partij hem zou overleven of heeft iets schuldig erkend bij testament
- ☐ Nee
- ☐ Ja, *vul op Model H vraag 13c en 13i in*

Dit geldt niet altijd als een fictieve verkrijging. Zie blz. 11.

13d De overledene heeft tijdens zijn leven vermogen overgedragen onder voorwaarde van vruchtgebruik of een periodieke uitkering
- ☐ Nee
- ☐ Ja, *vul op Model I in*

Dit geldt niet altijd als een fictieve verkrijging. Zie blz. 11.

13e De overledene heeft één van de volgende bedingen gemaakt:
- verblijvingsbeding
- toedelingsbeding
- overnemingsbeding

- ☐ Nee
- ☐ Ja, *vul op Model H vraag 13e en 13i in*

13f De overledene heeft binnen 180 dagen voor overlijden schenkingen gedaan
- ☐ Nee
- ☐ Ja, *vul op Model J vraag 13f in*

13g Iemand heeft recht op een uitkering als gevolg van het overlijden op grond van
- een levens- of ongevallenverzekering of
- een derdenbeding

- ☐ Nee
- ☐ Ja, *vul op Model J vraag 13g in*

Bijv. door een stichting of een trust, regelingen in de huwelijksvoorwaarden e.d., of i.v.m. het bezit van aandelen in een pensioen- of lijfrente-lichaam. Zie blz. 14.

13h Is er sprake van een andere fictieve verkrijging?
- ☐ Nee
- ☐ Ja, *vul op Model H vraag 13h, 13i en 13j in*

14 Vruchtgebruik, fideï-commis e.d.

Kruis hieronder aan, welke situatie van toepassing is.
***Let op!** Het kan zijn dat u meer dan één situatie moet aankruisen.*

14a Bezat de overledene vermogen in vruchtgebruik anders dan aangegeven bij 13d?
☐ Nee
☐ Ja, *vul op Model K vraag 14a in*

14b Bezat de overledene zaken als:
- bezwaard erfgenaam,
- bezwaard legataris,
- bezwaarde lastbevoordeelde of
- bezwaarde begiftigde (fideï-commis)?

☐ Nee
☐ Ja, *vul op Model K vraag 14b in*

14c Zijn door het overlijden periodieke uitkeringen geëindigd of bij opvolging overgegaan?
☐ Nee
☐ Ja, *vul op Model K vraag 14c in*

14d Heeft de overledene andere schenkingen dan bij 13f gedaan die zijn onderworpen aan recht van schenking?
☐ Nee
☐ Ja, *vul op Model K vraag 14d in*

14e Zijn er verkrijgingen door een ex-werknemer van de overledene op grond van een morele verplichting?
☐ Nee
☐ Ja, *vul op Model K vraag 14e in*

15 Verkrijgers

Voor legataris en erfgenaam, zie blz. 16.

15a Naam en voorletters
Adres
Postcode en woonplaats
Geboortedatum | Verwantschap | Sofi-nummer
Naam echtgenoot | Sofi-nummer echtgenoot
Kruis aan wat van toepassing is ☐ Legataris *Vul in:* waarde legaat € ☐ Erfgenaam *Vul in:* erfdeel

15b Naam en voorletters
Adres
Postcode en woonplaats
Geboortedatum | Verwantschap | Sofi-nummer
Naam echtgenoot | Sofi-nummer echtgenoot
Kruis aan wat van toepassing is ☐ Legataris *Vul in:* waarde legaat € ☐ Erfgenaam *Vul in:* erfdeel

15c Naam en voorletters
Adres
Postcode en woonplaats
Geboortedatum | Verwantschap | Sofi-nummer
Naam echtgenoot | Sofi-nummer echtgenoot
Kruis aan wat van toepassing is ☐ Legataris *Vul in:* waarde legaat € ☐ Erfgenaam *Vul in:* erfdeel

7

15 Verkrijgers (vervolg)

Voor legataris en erfgenaam, zie blz. 16.

15d Naam en voorletters

Adres

Postcode en woonplaats

Geboortedatum | Verwantschap | Sofi-nummer

Naam echtgenoot | Sofi-nummer echtgenoot

Kruis aan wat van toepassing is ☐ Legataris *Vul in:* waarde legaat € ☐ Erfgenaam *Vul in:* erfdeel

15e Naam en voorletters

Adres

Postcode en woonplaats

Geboortedatum | Verwantschap | Sofi-nummer

Naam echtgenoot | Sofi-nummer echtgenoot

Kruis aan wat van toepassing is ☐ Legataris *Vul in:* waarde legaat € ☐ Erfgenaam *Vul in:* erfdeel

15f Naam en voorletters

Adres

Postcode en woonplaats

Geboortedatum | Verwantschap | Sofi-nummer

Naam echtgenoot | Sofi-nummer echtgenoot

Kruis aan wat van toepassing is ☐ Legataris *Vul in:* waarde legaat € ☐ Erfgenaam *Vul in:* erfdeel

15g Naam en voorletters

Adres

Postcode en woonplaats

Geboortedatum | Verwantschap | Sofi-nummer

Naam echtgenoot | Sofi-nummer echtgenoot

Kruis aan wat van toepassing is ☐ Legataris *Vul in:* waarde legaat € ☐ Erfgenaam *Vul in:* erfdeel

15h Naam en voorletters

Adres

Postcode en woonplaats

Geboortedatum | Verwantschap | Sofi-nummer

Naam echtgenoot | Sofi-nummer echtgenoot

Kruis aan wat van toepassing is ☐ Legataris *Vul in:* waarde legaat € ☐ Erfgenaam *Vul in:* erfdeel

8

Ruimte voor nadere toelichting

Bijvoorbeeld een erfgenaam eist het wettelijke erfdeel op, verwerpt zijn aandeel, een krediet dat door het overlijden wordt kwijtgescholden, etc. *Zie blz. 15.*

Vermeld hier nadere gegevens die van belang kunnen zijn voor de aangifte.

Onderteken nu de aangifte op het voorblad.

Adressen

Autoriteit Financiële Markten (AFM)
Meldpunt
(o.a. klachten over verzekeringen)
0900-5400 540 (€0,05 per minuut)
www.afm.nl

Belastingdienst
Centrale administratie,
Sector autoheffingen
Postbus 9047
7300 GJ Apeldoorn
0800-0749
Belastingtelefoon
0800-0543
www.belastingdienst.nl

Centraal Testamentenregister (CTR)
Postbus 19398
2500 CJ Den Haag
www.centraaltestamentenregister.nl

College voor Zorgverzekeringen
(voor informatie over zorg en de AWBZ)
Postbus 320
1110 AH Diemen
(020) 797 85 55
www.cvz.nl

Commissies voor de Verzoekschriften
van de Eerste/Tweede Kamer
Postbus 20017/20018
2500 EA Den Haag
(070) 312 9200/318 22 11
www.parlement.nl

De Nederlandsche Bank (DNB)
Vestiging Apeldoorn
Postbus 929
7301 BD Apeldoorn
0800-020 1068 (werkdagen)
www.dnb.nl

Geschillencommissie Uitvaartwezen
Postbus 90600
2509 LP Den Haag
(070) 310 53 10
www.sgc.nl

Humanistisch Verbond
Postbus 75490
1070 AL Amsterdam
(020) 521 90 00
www.humanistischverbond.nl

Klachteninstituut Financiële
Dienstverlening (KiFiD)
Postbus 93257
2509 AD Den Haag
0900 – 355248
consumenten@kifid.nl
www.kifid.nl

Koninklijke Notariële Beroepsorganisatie
(KNB)
Postbus 16020
2500 BA Den Haag
(070) 330 71 11
www.notaris.nl
Notaristelefoon:
0900-346 93 93 (€0,25 per minuut;
werkdagen van 9-14 uur)
Voor algemene notariële vragen:
www.notaris.nl

Landelijke Organisatie Begraafplaatsen (LOB)
(020) 60 80 690
www.begraafplaats.nl

Landelijke Stichting Rouwbegeleiding
Kaap Hoorndreef 38
3563 AV Utrecht
(030) 276 15 00 (wo van 9-12 uur)
www.verliesverwerken.nl

Ministerie van Financiën
Postbus 20201
2500 EE Den Haag
(070) 342 80 00
www.minfin.nl

Ministerie van Sociale Zaken en Werkgelegenheid
Postbus 90801
2509 LV Den Haag
(070) 333 44 44
Informatietelefoon SZW: 0800-9051
www.minszw.nl

Ministerie van Volkshuisvesting, Ruimtelijke Ordening en Milieubeheer (Vrom)
Postbus 20951
2500 EZ Den Haag
(070) 339 39 39
www.vrom.nl

Nardus Samenwerkende Uitvaartorganisaties
Dalenk 7a
7371 DE Loenen
(055) 505 1316
www.nardus.eu

Nationale ombudsman
Postbus 93122
2509 AC Den Haag
(070) 356 35 63 en 0800-335 55 55
www.nationaleombudsman.nl

NBVA, Vereniging van onafhankelijke assurantie- en financiële adviseurs
Postbus 6152
4000 HD Tiel
(0344) 62 02 00
www.nbva.nl

Nederlandse Unie van erkende Uitvaartondernemingen (NUVU)
Groot Hertoginnelaan 1a
2517 EA Den Haag
(070) 364 75 00
www.nuvu.nl
De Uitvaarttelefoon
(070) 361 55 67

Nederlandse vereniging van assurantieadviseurs en financiële dienstverleners (NVA)
Postbus 235
3800 AE Amersfoort
(033) 464 34 64
www.nva.nl

Nederlandse Vereniging voor een Vrijwillig Levenseinde (NVVE)
Postbus 75331
1070 AH Amsterdam
0900-606 06 06 (€0,20 per minuut)
www.nvve.nl

Netwerk Uitvaartvernieuwers
www.netwerkuitvaartvernieuwers.nl
contact via e-mail

NIGZ Donorvoorlichting
Postbus 500
3440 AM Woerden
Informatielijn:
0900-821 21 66 (lokaal tarief)
www.donorvoorlichting.nl

Postbank
Servicedesk Nabestaanden
Antwoordnummer 40510
8900 SM Leeuwarden
(058) 234 00 33
www.postbank.nl
(zoek 'handleiding nabestaanden')

Postbus 51
(voor vragen aan de rijksoverheid)
0800-8051
www.postbus51.nl

RDW Voertuiginformatie en Toelating
Postbus 777
2700 AT Zoetermeer
0900-0739 (€0,10 per minuut)
www.rdw.nl

Requiem B.V.
Klaprozenweg 121
1033 NN Amsterdam
(06) 28 95 52 36
(06) 40 72 41 72
www.requiem.nl

Sociale Dienst van eigen gemeente
voor informatie over verstrekkingen in verband met een overlijden op grond van de Algemene Bijstandswet (ABW)

Sociale Verzekeringsbank
Hoofdkantoor
(voor informatie over de Anw,
AOW en AKW)
Postbus 1100
1180 BH Amstelveen
(020) 656 56 56
www.svb.org

Stichting Klachteninstituut Uitvaartwezen
Postbus 92
5600 AB Eindhoven
ombudsman@uitvaart.nl
www.klachteninstituutuitvaartwezen.nl

TNT Post Klantenservice
(058) 233 33 33
www.doorzendservice.nl
(o.a. post overledene)

Verbond van Verzekeraars
platform Natura-Uitvaartverzekering
Postbus 93450
2509 AL Den Haag
(070) 333 85 00
www.verzekeraars.nl

Vereniging van Ondernemingen
in de Uitvaartverzorging (VOU)
Postbus 20
7300 AA Apeldoorn
(055) 539 15 05
www.uitvaart.nl/vou

Woonbond
Nieuwe Achtergracht 17
1018 XV Amsterdam
(020) 551 77 00
Voor leden van de Woonbond:
huurderslijn (020) 551 77 55
www.woonbond.nl

StimulanSZ
(onafhankelijke ondersteunende organisatie op het lokale gebied van werk en inkomen, wonen, zorg en welzijn)
Postbus 2758
3500 GT Utrecht
(030) 298 28 00
www.stimulansz.nl

Landelijk meldnummers voor sterfgevallen:
0800-STERFGEVAL (0800-7837343825)
0800-UITVAART (0800-84882278)

*Uitvaartverzekeraar**	*Meldnummer voor sterfgevallen*	*Website*
Algemeen Belang	(050) 577 89 45	www.algemeenbelang.nl
Ardanta	0800-33330000	www.ardanta.nl
DELA	0800-9556655	www.dela.nl
Monuta	0800-0230550	www.monuta.nl
Nuvema	0800-0222323	www.nuvema.nl
Yarden	0800-8192	www.yarden.nl

**aangesloten bij het platform Natura-Uitvaartverzekering*

Sites met informatie rondom overlijden en uitvaarten
www.anderzijds.nl
www.begraafplaats.org
www.condoleance.nl
www.crematoria.nl
www.crematorium.org
www.degoedkoopstenotaris.nl
www.digizerk.eu
www.gedenkboek.nl
www.goededoelen.nl
www.grafbezoek.nl
www.homolesbischeuitvaart.nl
www.nalaten.nl
www.notaris.nl
www.notarisinfo.nl
www.palliatievezorg.nl
www.respectance.com
www.sterven.pagina.nl
www.testamonium.nl
www.uitvaart.nl
www.uitvaart.org
www.uitvaartinformatie.nl
www.uitvaartkompas.nl
www.uitvaartmuseum.nl
www.uitvaartstartspot.nl
www.uitvaartvereniging.nl (Terra Nova)
www.wateroverblijft.nl
www.watikjenogwildevertellen.nl

Register

W

Wegwijzer Consumentenbond

Bijna dagelijks maken 565.000 leden gebruik van de informatie van de Consumentenbond. De Consumentenbond volgt aanbieders van producten en diensten op de voet en zit regelmatig aan de onderhandelingstafel met bedrijven en overheid. Volstrekt onafhankelijk en met slechts één doel: het behartigen van het belang van de consument... van u dus!

Wij testen en vergelijken de meest uiteenlopende producten. U kunt daarmee soms honderden euro's besparen en voorkomen dat u in de val van 'de kleine lettertjes' trapt. De Consumentenbond staat voor informatie die objectief, betrouwbaar en deskundig is. Of het nu gaat om breedbeeld-tv's, digitale camera's, hypotheken of medische zorg: als lid van de Consumentenbond bent u altijd beter uit.

Kies zelf uw lidmaatschap*

Consumentengids mét online toegang (inclusief mobiel internet) In de Consumentengids vindt u objectieve tests en deskundig, onafhankelijk advies over uiteenlopende producten en diensten. U heeft ook toegang tot Consumentengids Online, het exclusieve gedeelte op onze internetsite, dat alleen toegankelijk is voor leden. De Consumentengids verschijnt jaarlijks 11 keer, inclusief het dikke zomernummer en kost €55 per jaar.

Consumentengids Online (inclusief mobiel internet) Wat is het beste ziekenhuis? Of de goedkoopste lijfrentepolis? Via Consumentengids Online, het exclusieve ledengedeelte op onze internetsite, heeft u 24 uur per dag toegang tot alle online testinformatie. Met de productvergelijker weet u direct wat voor ú de beste keuze is. Gegarandeerd onafhankelijk en betrouwbaar. U logt eenvoudig in met uw e-mailadres en wachtwoord via www.consumentenbond.nl. Een abonnement op Consumentengids Online kost €41 per jaar.

Geldgids De Geldgids geeft u heldere en objectieve informatie over onder meer pensioenen, belastingen, hypotheken, sparen en verzekeringen. De Geldgids verschijnt jaarlijks 8 keer en kost €40 per jaar. Inclusief de 'Belastinggids' en de special 'Eigen woning'.

Digitaalgids Wilt u de juiste keuze maken bij aanschaf van hardware en software en bent u de mogelijkheden van uw pc aan het verkennen? De Digitaalgids vergelijkt abonnementen voor internetbellen, pc's, printers, software en staat boordevol tips. De Digitaalgids verschijnt jaarlijks 6 keer en kost €34 per jaar.

Gezondgids Wilt u bewust en gezond leven? Laat onze Gezondgids u dan begeleiden. In de Gezondgids leest u tests van voeding, praktische hulpmiddelen en therapieën. Verder leest u hoe u kwalen voorkomt en uw conditie op peil houdt. De Gezondgids verschijnt jaarlijks 10 keer (inclusief twee extra dikke themanummers) en kost €31,50 per jaar.

Reisgids Met de Reisgids krijgt u niet alleen informatie om bij weg te dromen. Dankzij tests, prijspeilingen en kritische inspecties ter plekke, kunt u meteen op stap. Ook weet u welke adressen en maatschappijen u beter kunt mijden. De Reisgids verschijnt jaarlijks 6 keer (exclusief de themaspecial) en kost €34 per jaar.

*De prijzen gelden voor 2008.

De voordelen op een rij

Welk abonnement u ook kiest, u bent altijd lid van de Consumentenbond en profiteert van aantrekkelijke ledenvoordelen:

- Gratis persoonlijk advies, per telefoon of e-mail, over alle door ons geteste producten en diensten.
- Groepsbemiddeling bij problemen met een leverancier. Zoals onze acties voor ADSL-, aandelenlease- en energiegedupeerden uit het verleden.
- Ledenkorting – tot wel 30% – op al onze boeken.
- Gratis wekelijkse digitale nieuwsbrief met actuele informatie, handige tips en adviezen.

Aanvullende informatie? Dat kan!

Als abonnee van de Consumentengids met online toegang kunt u een extra abonnement nemen op onze andere gidsen.

Prijzen voor Consumentengidsleden (2008):

Geldgids	€34,00
Reisgids	€28,00
Digitaalgids	€28,00
Gezondgids	€25,50
Belastinggids	€14,00
Wijngids	€15,00
Testjaarboek	€ 9,50*

*prijs tot 1 november 2008

Heeft u alléén een abonnement op Consumentengids Online dan betaalt u voor het eerste extra gidsabonnement (Consumentengids, Geldgids, Digitaalgids, Gezondgids of de Reisgids) slechts €14.

Hoe kunt u ons bereiken?

Voor *wijzigingen en algemene vragen* kunt u terecht bij de afdeling Klantenservice, bereikbaar van maandag t/m donderdag (09.00 – 21.00 uur), vrijdag (09.00 – 17.30 uur).

Telefoon	(070) 445 45 45
Fax	(070) 445 45 96
Postadres	Postbus 1000, 2500 BA Den Haag
Kantoor	Enthovenplein 1, Den Haag
Internet	www.consumentenbond.nl
Contact	www.consumentenbond.nl/contact

Voor *persoonlijk advies* (alleen voor leden) kunt u terecht bij de afdeling Service en Advies, bereikbaar van maandag t/m donderdag (09.00 – 21.00 uur), vrijdag (09.00 – 17.30 uur).

Telefoon	(070) 445 40 00
Contact	www.consumentenbond.nl/contact

Consumentenbond

Dan weet je het.

Andere boeken

Geld & verzekeringen

200 Gouden bespaartips
Belastinggids 2008 (+ cd-rom)
Het eigen huis
Jaarboek Geld 2008
Kies uw testament
Meer geld uit uw geld
Prettig blijven wonen
Samenwonen of trouwen
Scheiden
Slim nalaten en schenken
Uw financiële levensloop

Gezondheid & voeding

De beste behandeling
Fit en gezond
Gezond eten voor senioren
Greep op de overgang
Het juiste medicijn
Lekker en licht eten
Kleine kwalen aanpakken
Wijngids 2008

Computers & internet

Digitaal thuis
Haal meer uit uw pc
Handig met internet
Internet & reizen
Klussen aan uw computer
Thuis op uw pc
Tips en trucs voor pc en internet 2
Tips en trucs voor pc en internet 3
Windows Vista – Kort & krachtig

Diversen

125 Klussen voor iedereen
250 Gouden energiebespaartips
500 Handige huishoudtips
De 100 beste producten
Kiezen, kopen en klagen
Testjaarboek 2008
Van abdijenroute tot whiskytrail
Zelf klussen 2 – Ruimte winnen in huis

Leden van de Consumentenbond ontvangen korting op deze boeken.
U bestelt ze via de Klantenservice, tel. (070) 445 45 45 of via internet: www.consumentenbond.nl/webwinkel.
Bent u lid? Houd dan uw lidmaatschapsnummer gereed. We zijn op werkdagen van 9 tot 21 uur bereikbaar (vrijdag tot 17.30 uur). Voor bestellingen en aanmeldingen als lid kunt u verder 24 uur per dag gebruikmaken van de voicemail of onze website.

Consumentenbond

Dan weet je het.